A INCLUSÃO SOCIAL NA ÁREA EDUCACIONAL

Dados Internacionais de Catalogação na Publicação (CIP)

C395i Cirino, Giovanni.

A inclusão social na área educacional / Giovanni Cirino.
– São Paulo, SP : Cengage Learning, 2016.

Inclui bibliografia.

ISBN 978-85-221-2918-8

1. Sociologia educacional. 2. Inclusão em educação. 3. Políticas públicas. 4. Educação especial. 5. Cidadania. 6. Desigualdade social. 7. Mercado de trabalho - Inclusão social. I. Título.

CDU 37.015.4
CDD 370.19

Índice para catálogo sistemático:

1. Sociologia educacional   376.015.4

(Bibliotecária responsável: Sabrina Leal Araujo – CRB 10/1507)

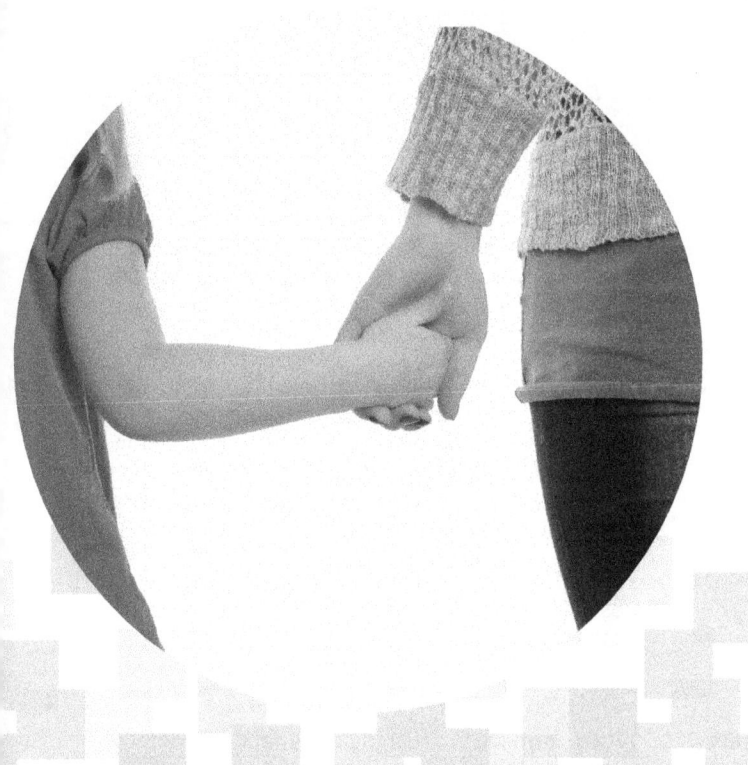

A INCLUSÃO SOCIAL NA ÁREA EDUCACIONAL

Austrália • Brasil • México • Cingapura • Reino Unido • Estados Unidos

A inclusão social na área educacional

Conteudista:
Giovanni Cirino

Gerente editorial: Noelma Brocanelli

Editoras de desenvolvimento:
Gisela Carnicelli, Regina Plascak e Salete Guerra

Coordenadora e editora de aquisições:
Guacira Simonelli

Produção editorial:
Fernanda Troeira Zuchini

Copidesque: Sirlene Sales

Revisão: Luicy Caetano de Oliveira e Juliana Alexandrino

Diagramação e Capa:
Marcelo A. Ventura

Imagens usadas neste livro por ordem de páginas:
bilderpool/shutterstock; 305140991/Shutterstock; Georgios Kollidas/ Shutterstock; Romolo Tavani/ Shutterstock; Stokkete/ Shutterstock; Rudie Strummer/ Shutterstock; Mr.Exen/ Shutterstock; Luba V Nel/ Shutterstock; Jef Thompson/ Shutterstock; Romolo Tavani/ Shutterstock; Zerbor/ Shutterstock; michaeljung/ Shutterstock; izzet ugutmen/ Shutterstock; Sergey Nivens/ Shutterstock; Steven Frame/ Shutterstock; Markus Mainka/ Shutterstock; Ho Yeow Hui/ Shutterstock; cifotart/ Shutterstock; Maksim Kabakou/ Shutterstock; Jacob Lund/ Shutterstock; goir/ Shutterstock; Baranovska Oksana/ Shutterstock; Alhovik/ Shutterstock; JrCasas/ Shutterstock; Francesco Scatena/ Shutterstock; Noppanun K/ Shutterstock; Alessandro Colle/ Shutterstock; Stokkete/ Shutterstock; Charles Harker/ Shutterstock; Rawpixel.com/ Shutterstock; Guillermo del Olmo/ Shutterstock; iKenta/ Shutterstock; PathDoc/ Shutterstock; Brian A Jackson/ Shutterstock; Rawpixel.com/ Shutterstock.

© 2016 Cengage Learning Edições Ltda.

Todos os direitos reservados. Nenhuma parte deste livro poderá ser reproduzida, sejam quais forem os meios empregados, sem a permissão por escrito da Editora. Aos infratores aplicam-se as sanções previstas nos artigos 102, 104, 106, 107 da Lei n° 9.610, de 19 de fevereiro de 1998.

Esta editora empenhou-se em contatar os responsáveis pelos direitos autorais de todas as imagens e de outros materiais utilizados neste livro. Se porventura for constatada a omissão involuntária na identificação de algum deles, dispomo-nos a efetuar, futuramente, os possíveis acertos.

Esta editora não se responsabiliza pelo funcionamento dos links contidos neste livro que possam estar suspensos.

Para permissão de uso de material desta obra, envie seu pedido para
direitosautorais@cengage.com

© 2016 Cengage Learning Edições Ltda.
Todos os direitos reservados.

ISBN 13: 978-85-221-2918-8
ISBN 10: 85-221-2918-5

Cengage Learning Edições Ltda.
Condomínio E-Business Park
Rua Werner Siemens, 111 - Prédio 11
Torre A - Conjunto 12
Lapa de Baixo - CEP 05069-900 - São Paulo - SP
Tel.: (11) 3665-9900   Fax: 3665-9901
SAC: 0800 11 19 39

Para suas soluções de curso e aprendizado, visite
www.cengage.com.br

Impresso no Brasil
Printed in Brazil

Apresentação

Com o objetivo de atender às expectativas dos estudantes e leitores que veem o estudo como fonte inesgotável de conhecimento, esta **Série Educação** traz um conteúdo didático eficaz e de qualidade, dentro de uma roupagem criativa e arrojada, direcionado aos anseios de quem busca informação e conhecimento com o dinamismo dos dias atuais.

Em cada título da série, é possível encontrar a abordagem de temas de forma abrangente, associada a uma leitura agradável e organizada, visando facilitar o aprendizado e a memorização de cada assunto. A linguagem dialógica aproxima o estudante dos temas explorados, promovendo a interação com os assuntos tratados.

As obras são estruturadas em quatro unidades, divididas em capítulos, e neles o leitor terá acesso a recursos de aprendizagem como os tópicos *Atenção*, que o alertará sobre a importância do assunto abordado, e o *Para saber mais*, com dicas interessantíssimas de leitura complementar e curiosidades incríveis, que aprofundarão os temas abordados, além de recursos ilustrativos, que permitirão a associação de cada ponto a ser estudado.

Esperamos que você encontre nesta série a materialização de um desejo: o alcance do conhecimento de maneira objetiva, agradável, didática e eficaz.

Boa leitura!

Prefácio

Pensar em inclusão social é pensar tanto no que já foi feito, como no que ainda pode ser realizado para promover a inserção efetiva das pessoas com necessidades especiais no contexto dos demais pares.

É certo que adaptações precisam ser executadas, mas resta saber se a principal adequação está, de fato, acontecendo: a colaboração da sociedade como um todo no processo de inclusão.

Com a instituição de leis e normas e, recentemente, com a promulgação do Estatuto da Pessoa com Deficiência (Lei nº 13.146/2015), é possível perceber que muito se impôs e muito ainda há de ser feito.

Este livro visa debater a questão sob diversos vieses, com ênfase nas garantias outorgadas a todos, de modo geral.

Na Unidade 1, o tema é tratado sob algumas vertentes: o da educação, o do valor, o do movimento e o da diferença.

Já na Unidade 2, o tema é tratado com a discussão de temas como os direitos e as garantias da pessoa com deficiência, as dificuldades para a efetivação da inclusão escolar e a importância da educação inclusiva.

A Unidade 3, por sua vez, apresenta assuntos importantes acerca do assunto, como a questão das políticas públicas, a inclusão social no mercado de trabalho e os processos de globalização.

Finalmente, a Unidade 4 trata da inclusão e exclusão social e das questões sociais em torno dessa exclusão.

A normatização do processo de inclusão tem acontecido de maneira acelerada. A efetivação das garantias outorgadas ainda é uma incógnita. O conteúdo deste livro nos ajuda a analisar as circunstâncias e a refletir sobre o que ainda pode ser feito, a começar pelas nossas próprias atitudes.

Desejamos a todos um excelente estudo!

UNIDADE 1
INCLUSÃO E EXCLUSÃO: ASPECTOS CONCEITUAIS

Capítulo 1 Introdução, 10

Capítulo 2 Desigualdade e diferença, 10

Capítulo 3 Inclusão como valor, 14

Capítulo 4 Inclusão como paradigma, 15

Capítulo 5 Inclusão como movimento, 19

Capítulo 6 A inclusão na educação, 20

Capítulo 7 Como escapar de armadilhas, 25

Glossário, 27

1. Introdução

Nesta Unidade abordaremos as particularidades conceituais da inclusão e exclusão social. Vamos, ainda, tratar do caso específico da inclusão na área educacional, tomando como base de reflexão as especificidades de minorias e suas necessidades especiais. Por fim, vamos discutir as políticas públicas e os projetos não governamentais de inclusão para uma educação de qualidade.

2. Desigualdade e diferença

O tema **inclusão social** é bastante discutido nos dias de hoje. Historicamente, esse problema social vem sendo debatido levando-se em conta conceitos diferentes como liberdade, escravidão, **desigualdade** e pobreza, desde os tempos do médico grego Hipócrates (460 a.C. – 377 a.C.), autor do famoso juramento referencial para todos os profissionais atuantes nessa área, que se consideram os aspectos sobre as **diferenças** e desigualdades entre as pessoas. Em sua obra *Das águas, dos ares e dos lugares*, Hipócrates tratou das diferenças e enfermidades do corpo humano ao analisar as epidemias como problemas provenientes de fatores climáticos, étnicos, dietéticos e do meio ambiente. Muitos diagnósticos descritos por Hipócrates fazem referência direta e implícita a doenças bem conhecidas da modernidade, como a malária, a tuberculose e a pneumonia. A relação das pessoas enfermas – ou portadoras de alguma deformação corporal, ou com mau funcionamento de algum(ns) sentido(s) – com a sociedade como um todo, ou seja, com as pessoas "normais" e "sadias", se dá geralmente de maneira tensa, por vezes conflitante.

No entanto, as expressões das diferenças entre as pessoas podem se dar de maneiras muito variadas. Uma primeira aproximação trata-se daquela que considera as diferenças físicas entre as pessoas: o formato do corpo, a cor da pele, o cabelo, as características das orelhas, do nariz e da boca. De outro modo, temos as diferenças físicas que se encontram na parte externa do corpo e também na parte interna do corpo, como o funcionamento e a eficiência dos órgãos, principalmente a capacidade cognitiva do sujeito.

> *PARA SABER MAIS! Caso queira conhecer algumas obras de filósofos estudados e renomados, sugere-se* Os Clássicos da Política, *livro organizado por Francisco C. Weffort. Disponível em: <www.plataformademocratica.org/Portugues/Publicacoes.aspx?IdRegistro=973>. Acesso em: 23 nov. 2015. Vale a pena a leitura.*

No plano social, pode-se perceber outra forma de abordar as expressões da diferença: as pessoas se distinguem pelo nível de riqueza acumulada e pela capacidade de consumo. Nessa abordagem, o iluminista suíço Jean-Jacques Rousseau (1712-1778) é autor de referência. Com uma obra bastante diversificada,

Rousseau expressava-se na filosofia, música, poesia, literatura, política, entre outras áreas. A questão em torno da desigualdade surgiu de maneira muito forte em dois trabalhos do autor: o primeiro é *Discurso sobre a origem e os fundamentos da desigualdade entre os homens*, de 1755, e o segundo é o famoso **O contrato social** de 1762.

No *Discurso sobre a origem*, Rousseau discutiu não apenas como surge a desigualdade, mas, também, como os sujeitos que se diferenciaram dos demais conseguiram legitimar a dominação. Há um diálogo importante entre essa obra e a outra, o *O contrato social*. Ambas discutem a mesma unidade temática, explicitam e aprofundam as questões relativas à liberdade, escravidão e o surgimento das desigualdades na sociedade.

Para entender a relação entre esses dois textos, deve-se atentar para o fato de que Rousseau não pretendia dar explicações sobre como ocorreu essa transformação com base no fato de que o escravo se diferencia dos senhores, mas sobre como essas distinções foram se legitimando na sociedade. É a legitimação que perpetua a condição de desigualdade entre os homens. No *Discurso sobre a origem e os fundamentos da desigualdade entre os homens*, Rousseau discutiu a trajetória do homem, desde sua condição de liberdade no estado de natureza até o surgimento da propriedade privada e as implicações provenientes dessa instituição social.

Em busca da construção da história hipotética da humanidade, Rousseau propôs uma metodologia inovadora ao abandonar os fatos. A ignorância sobre os episódios ocorridos decorre da impossibilidade de verificação, uma vez que os vestígios deixados pelos homens são insuficientes para reconstituir, com um grau de precisão satisfatório, toda a história. Rousseau opta *a priori* por abrir mão da tentativa frustrada, e investe em uma nova metodologia, que possibilita o deslocamento para a legitimação, em vez da genealogia da desigualdade. Essa metodologia procurava demonstrar a história por meio de argumentos racionais.

PARA SABER MAIS! Para conhecer um pouco mais sobre a obra de Rousseau, sugere-se a leitura do artigo, "Rousseau e o hipotético estado de natureza: condição da dedução do homem civil-político como corrupção", de Estenio Ericson Botelho de Azevedo. Revista Humanidades. Fortaleza, v. 23, n. 2, p. 161-167, jul./dez. 2008. Disponível em: <www.egov.ufsc.br/portal/sites/default/files/anexos/33545-43438-1-PB.pdf>. Acesso em: 22 nov. 2015. Boa leitura!

A narrativa hipotética de Rousseau procurava apresentar a relação da desigualdade entre "ricos" e "pobres". No entanto, esse é um modo atraente de apresentar ideias bastante sofisticadas por trás dessas categorias.

> *ATENÇÃO! O contrato social é uma alegoria empregada pelo autor para se referir ao acordo que teria possibilitado a defesa dos mais fracos contra a opressão, a contenção dos ambiciosos e a garantia de posse daquilo que pertence a cada indivíduo. Essa imagem apresenta informações para que possamos entender a instituição dos regulamentos e ordenamentos jurídicos em torno dos quais se produziu determinada noção de justiça e paz.*

Na explicação de Rousseau, todos devem se submeter às regras igualmente. Os deveres mútuos são tratados como uma necessidade para a criação de um governo sustentado por sábias leis. Esse tipo de organização teria o poder para proteger e defender todos os membros, bem como expulsar os inimigos. Essa ideia de Rousseau, a despeito de sua racionalidade, soava como um idealismo, quase romântico. Isso porque, em seguida, ele argumentaria a favor da necessidade de se inverter a relação entre governantes e governados, ressaltando que os primeiros é que estavam submetidos, e não o contrário.

Com essa narrativa, Rousseau propôs-se a explicar o tipo de conteúdo discursivo que teria convencido as pessoas a aceitarem o contrato social, pois acreditava estar assegurando a liberdade. Essa nova condição contribuiu para a fixação da lei da propriedade e da desigualdade e para transformar em ruínas a liberdade antes presente no momento histórico, o qual contratualistas denominavam "estado de natureza".

Rousseau não estava interessado em legitimar a desigualdade e a escravidão, mas em procurar os argumentos que pudessem explicar os mecanismos por meio dos quais a desigualdade legitimara-se entre os homens. O contrato social é analisado considerando-se as possibilidades legítimas de um pacto que teria levado os homens a perder a liberdade natural (relativa ao estado de natureza) e a ganhar a liberdade civil (relativa à sociedade civil). Nesse processo, construiu-se a condição de **igualdade** das "partes contratantes", na medida em que, ao ser igualitária, ninguém se interessa em torná-la onerosa aos demais.

No texto sobre desigualdade, Rousseau apresentou o argumento de que ninguém poderia sair perdendo. Não havia a concepção de perda, não apenas porque não se podia falar da posse exclusivamente com base no direito de propriedade, mas, em especial, porque o "corpo" do soberano que surgia após o contrato era o único que iria determinar o funcionamento da máquina estatal, podendo determinar, até mesmo, o regime de distribuição da propriedade. Isso ocorreu porque todas as pessoas alienaram suas propriedades totalmente, sem reservas em nome do Estado.

No entanto, a mesma articulação lógica que entendia a posse e a propriedade explicava as condições de liberdade. O povo era soberano para legislar, agente do processo de elaboração de leis (parte ativa), porém, ele deveria obedecer a essas leis (parte passiva).

ATENÇÃO! Esse duplo aspecto presente na obra O contrato social evidencia que as desigualdades são perpetuadas pelo próprio homem. Rousseau analisava criticamente o Estado como a principal instituição social que iria promover e perpetuar a desigualdade entre os homens.

Portanto, a desigualdade legitimava-se por meio da instituição do Estado, que produzia novos entraves aos mais fracos e novas forças aos mais ricos. A perspectiva adotada por Rousseau, dando uma nova face ao tema trabalhado por Thomas Hobbes (1588-1679) e John Locke (1632-1704), encerrava uma análise fina e sofisticada sobre a principal instituição das sociedades, ao mesmo tempo que aproximava o problema da desigualdade de forma a desnaturalizar um fenômeno que, por muitos autores, era tratado como inevitável e atemporal. Para John Locke, o Estado era o produto de um consenso entre os indivíduos. Para Thomas Hobbes, o Estado nascia não por um consenso, mas pela imposição dos mais fortes. Para Rousseau, a pobreza era datada e historicamente construída.

Ainda para complementar, poder-se-ia distinguir os conceitos de desigualdade e diferença a partir dos conteúdos semânticos presentes nesses termos. Mais do que isso: tal distinção poderia ser feita levando-se em conta os usos sociais que ambos os termos ganham, na medida em que são empregados para nomear determinadas situações e contextos sociais.

Ao mencionar-se a diferença, o significado é bastante claro. Trata-se do procedimento que, ao comparar pelo menos dois termos, aponta, em cada um deles, características próprias e, por isso, distingue-se do outro (ou outros). Nesse sentido, quando se compara os termos, são apontadas as qualidades pertinentes a cada um deles, procurando salientar que tais qualidades não são as mesmas ou, mesmo que sejam, há evidentes distinções. Nesse caso, portanto, os termos são apontados como diferentes e as distinções, por sua vez, são indicadas sem que isso forneça elementos para qualquer tipo de avaliação sobre qual deles seria mais adequado ou não.

ATENÇÃO! Apontar diferenças não produz possibilidades racionais para a hierarquização dos termos comparados, embora tais elementos possam ser utilizados para tal finalidade. A comparação que aponta diferenças tende a considerar os termos comparados como equivalentes, mesmo que possuam cada qual suas particularidades.

Um exemplo claro seria a comparação entre elementos equitativos, como as cores. O que percebemos como sendo cada uma das cores é produto das ondas de luz refletidas pelo objeto. Embora cada cor tenha sua particularidade, dada pelas frequências refletidas, cada uma delas possui um grau de importância, digamos, equivalente. Não é possível, portanto, dizer que o vermelho é "melhor" que o azul. Cada cor possui sua particularidade, embora ambas sejam cores e, nessa condição, equivalentes.

Já, quando falamos de desigualdade, outros elementos são mobilizados no procedimento da comparação. Nesse caso, não se aponta apenas o fato de cada termo possuir suas particularidades, mas demonstrar que as particularidades em si podem ser avaliadas como melhores ou piores. Dessa forma, o procedimento comparativo conduz à hierarquização.

Ou seja, se produzem escalas onde os termos são alocados. Tais escalas visam a construção de um lugar determinado para cada termo. Daí a justificativa para se falar, por exemplo, em desigualdade social e não diferença social.

ATENÇÃO! Quando os termos comparados são classes sociais, grupos, coletividades, ou indivíduos, é comum a referência à posição, ao status. Ao usarmos o termo "desigualdade social" a ideia não é apenas dizer que são classes sociais com particularidades, mas apontar nas particularidades (como a renda per capita, por exemplo) as possibilidades de hierarquizações.

Uma vez apresentado um pequeno histórico sobre o debate a respeito da desigualdade, podemos avançar a fim de tratarmos de aspectos conceituais ligados à inclusão social. Apresentaremos a inclusão social a partir dos seguintes aspectos: inclusão como valor, como **paradigma** e como movimento.

3. Inclusão como valor

A concepção da inclusão, seja social ou de outro caráter, fundamenta-se em ideias embasadas no reconhecimento e aceitação da diversidade entre as pessoas, suas escolhas e práticas, bem como entre as sociedades de maneira mais ampla. De maneira geral, o horizonte que se mostra sempre presente nas discussões sobre inclusão é a questão jurídica em torno – não apenas do direito ao acesso de todos a todas as oportunidades, mesmo considerando as especificidades de cada pessoa ou grupo social – mas também e principalmente, a garantia desse direito. Não se pode dizer, portanto, que com isso todas as pessoas encontram-se efetivamente em igualdade de condições perante os problemas e oportunidades da vida pessoal e profissional.

A Constituição Federal do Brasil de 1988, promulgada, portanto, há 27 anos, aponta a igualdade como um princípio fundamental. O *caput* do artigo 5º é a base da concepção de igualdade que se considera na Constituição:

> Todos são iguais perante a lei, sem distinção de qualquer natureza, garantindo-se aos brasileiros e aos estrangeiros residentes no País a inviolabilidade do direito à vida, à liberdade, à igualdade, à segurança e à propriedade [...].

No entanto, a igualdade não pode se ater apenas ao âmbito da lei. É preciso que esteja na sociedade como um todo. Além da necessidade de ser algo real, a Constituição Federal deve ser relativa, ou seja, tratar os iguais como iguais e os desiguais como desiguais.

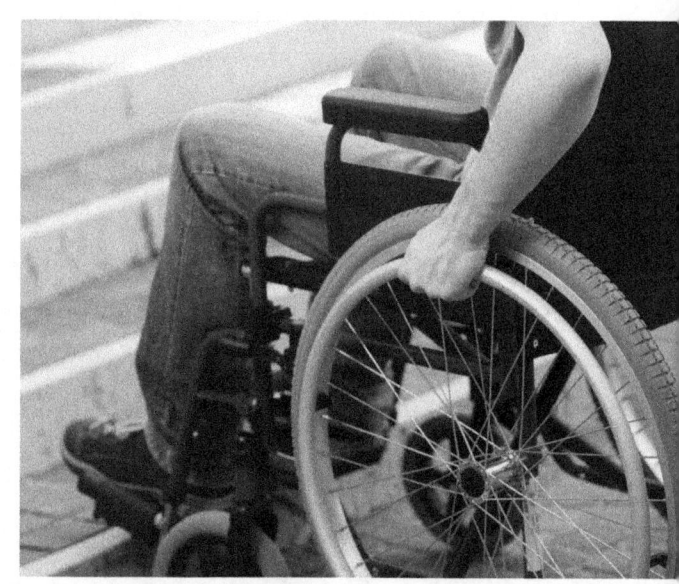

Mas o que significa essa relatividade? Basicamente pode-se dizer que as pessoas tidas como diferentes, as portadoras de alguma necessidade especial, possuem demandas diversas e o cumprimento da lei exige que a essas pessoas sejam garantidas as condições apropriadas de atendimento às particularidades individuais, de maneira que todos possam usufruir das oportunidades. A desigualdade não se refere apenas às formas de privilégios, mas à disponibilidade de condições equitativas exigidas pelas peculiaridades individuais na garantia da igualdade real.

Nesse sentido, o valor mais significativo que está presente na ideia de inclusão é o princípio da igualdade. A igualdade, que vem sendo tratada como um valor muito importante nas sociedades modernas, desde os iluministas mencionados no início do texto, é o pilar fundamental para uma sociedade mais justa e democrática. As diferenças entre as pessoas, ou seja, a diversidade, demanda o cuidado com a particularidade para que não se corra o risco de tratar o diferente como desigual.

4. Inclusão como paradigma

Thomas Kuhn (2013) definiu paradigma como um conjunto de conceitos, valores, percepções e práticas que são compartilhadas por grupos no interior de uma sociedade ou por toda uma sociedade em momentos históricos diferentes. É possível perceber ao longo da História os movimentos de transformações nos paradigmas que caracterizam as relações de sociedades diversas com as pessoas portadoras de necessidades especiais (Goffman, 1961; Pessotti, 1984; Silva, 1987; Aranha, 1980).

> *PARA SABER MAIS! Caso queira se aprofundar no assunto, indicamos o texto: "Paradigmas da inclusão no contexto mundial", de Helena Serra. Disponível em: <http://repositorio.esepf.pt/handle/10000/27>. Acesso em: 23 nov. 2015.*

O **paradigma da institucionalização** era fundamentado na concepção de que a pessoa com alguma característica diferenciada, e por esse motivo tida como pouco produtiva (ou improdutiva), só estaria protegida se fosse mantida em uma instituição, ou seja, segregada da sociedade. As instituições totais foram concebidas e construídas com o objetivo de manter as pessoas ditas "deficientes" afastadas da sociedade.

Desenvolveram-se, a partir dessas instituições, diversas práticas terapêuticas e diversos cuidados para facilitar a rotina e os procedimentos cotidianos. Apesar de essas práticas servirem, na maioria das vezes, como métodos paliativos, tais

instituições eram frequentemente lugares de confinamento, tortura, privação e abandono. Depois de extraírem o nome, as roupas, a identidade e a dignidade, essas pessoas eram deixadas nesses lugares, muitas vezes, até o fim de suas vidas.

Com duras críticas dirigidas ao paradigma da institucionalização, desenvolveu-se uma nova proposta ancorada na ideia de que a segregação e o abandono são desumanos e que alternativas são possíveis no tratamento de vários casos. Dessa proposta surge o **paradigma dos serviços**. Nesse segundo paradigma, a principal modificação conceitual é a ideia de que a pessoa diferente tem o direito à convivência social. No entanto, essa convivência só pode ser exercida se o indivíduo for ajudado a se "modificar", se "ajustar", de modo a parecer o mais "semelhante" possível aos demais indivíduos da sociedade.

É óbvio que controvérsias surgem em muitos casos a respeito da possibilidade dessa "modificação" ou desse "ajuste". De outro modo, a ideia da "semelhança" surte ainda mais efeitos de contradição na medida em que ou se quer a modificação e o ajuste ou apenas a aparência dessa modificação e o ajuste, apenas para parecer similar.

Com base nesse segundo paradigma proliferam-se as mais variadas instituições que oferecem serviços como avaliações e programas de intervenção com o objetivo de preparar as pessoas para um processo de (re)integração e (re)inclusão. Esses processos frequentemente eram pensados e organizados tendo como lógica a ideia de que deve-se favorecer as pessoas diferentes (leia-se deficiente) para a convivência com os demais membros da sociedade considerados iguais.

De acordo com Carolyn Vash (1988), na década de 1980 proliferam-se argumentos justificando e reconhecendo tratamentos, capacitações, ensino e outras formas de intervenção com fins pedagógicos, terapêuticos, de habilitação e reabilitação de pessoas portadoras de necessidades especiais. Entretanto, acrescentava-se que a justificativa não era razão suficiente para propor o momento da integração. Diversas categorias de razões ou justificativas foram utilizadas, desde as pragmáticas até as históricas. Levando-se em conta o debate a respeito das diversas práticas que envolvem esse segundo paradigma que se desenvolveu o que veio a ser o terceiro paradigma.

No terceiro paradigma, conhecido como **paradigma de suportes**, a fundamentação é embasada nos ganhos em desenvolvimento pessoal e social que seriam decorrentes justamente da interação social com a diversidade. Outro aspecto seria político, pois o princípio da igualdade indica justamente para a inclusão, em seu sentido de processo de garantia do acesso ao espaço comum da vida em sociedade. O acesso é algo que independe do tipo de deficiência de uma pessoa.

As implicações são significativas na medida em que a garantia do acesso demanda medidas em duplo sentido: de um lado, intervenções diretas nos sujeitos portadores de necessidades especiais; de outro, ações e campanhas que visem a conscientização sobre diversidade e necessidade (e obrigação) de respeito à diversidade. Para a viabilização das diretrizes colocadas por esse paradigma são necessários suportes físicos, pessoais, técnicos, sociais e materiais para desenvolver e incentivar a inclusão nos mais variados círculos da vida social.

Pode-se dizer que a inclusão é um fenômeno bastante recente quando nos referimos aos parâmetros jurídicos, teóricos e práticos. Trata-se de um processo bastante lento e complexo que demanda transformações não apenas na pessoa portadora de necessidade especial, mas, também, no meio social no qual está inserida.

O espaço da convivência e do contexto vivenciado pelo portador de necessidade especial é que define as distinções entre inclusão e integração. Em razão de aparentemente estar se referindo ao direito à igualdade, a integração atribui à pessoa portadora de necessidade especial a responsabilidade por sua segregação, e até pelo estigma que carrega, uma vez que tal visão decorre da percepção de sua incompletude. Como um desdobramento quase duplamente contraditório, argumenta-se a necessidade de alteração, ajustamento e modificação da pessoa portadora de necessidade especial para que ela possa passar a conviver com os demais membros da comunidade de maneira mais integrada possível. Como afirma Aranha, "o que, por si só, caracteriza a desigualdade real" (1995).

5. Inclusão como movimento

O debate em torno do tema inclusão social e educacional é bastante denso e reúne não apenas teóricos, mas especialmente professores, que estão em sala de aula cotidianamente enfrentando as dificuldades e conquistas das experiências de inclusão nas escolas. Para além dos âmbitos teórico e prático há também o âmbito político. A inclusão como movimento é aspecto revelado nas lutas sociais e na militância das minorias na busca por melhores condições para exercer o direito do acesso imediato, contínuo e constante do espaço físico comum.

Como tendência em diversos países, no Brasil as mudanças se fazem sentir tanto no âmbito das políticas públicas voltadas à educação como nos projetos pedagógicos de inclusão educacional propostos por organizações não governamentais. Notáveis são as transformações pelas quais passaram as políticas públicas no que tange a inclusão educacional. Abandonou-se a institucionalização para a aproximação inicialmente com as escolas especiais e, posteriormente, com as classes especiais.

ATENÇÃO! As alternativas procuram, via de regra, projetos que minimizem os impactos e desdobramentos que possam, de alguma forma, ser expressões da exclusão, da segregação e do estigma. Aos poucos cresce também os indicadores de inserção de portadores de necessidades especiais no mercado de trabalho a partir da reabilitação profissional.

Para pensar na inclusão educacional que possa, verdadeiramente, abarcar todas as diferenças, particularidades ou necessidades especiais, é preciso indagar a respeito das necessidades e anseios dessas pessoas; indagar a respeito do preparo que a sociedade brasileira deve ter para que o processo de integração seja real e efetivo; indagar a respeito da metodologia de pesquisa para se produzir dados sobre anseios e necessidades desse segmento; indagar a respeito de como transformar anseios e necessidades identificadas em atendimento.

6. A inclusão na educação

Podemos dizer que os processos de inclusão estão em toda parte. Hoje, fala-se em inclusão digital, social, habitacional, econômica, comunicacional, política, entre outras formas de inclusão. Nas três últimas décadas, a inclusão se transformou em um dos discursos mais atuais e discutidos. Entre as várias áreas em que têm sido experimentados projetos de inclusão destaca-se a dificuldade presente no campo educacional.

Desde a década de 1990, o discurso a respeito da **inclusão escolar** passou a assumir um *status* diferenciado. Paralelamente ao crescimento de movimentos e militâncias que defendem a inclusão social, o caso no âmbito da educação ganhou novos elementos a partir da ideia de que a educação é fundamental para a saída das **armadilhas de pobreza** (Sachs, 2006).

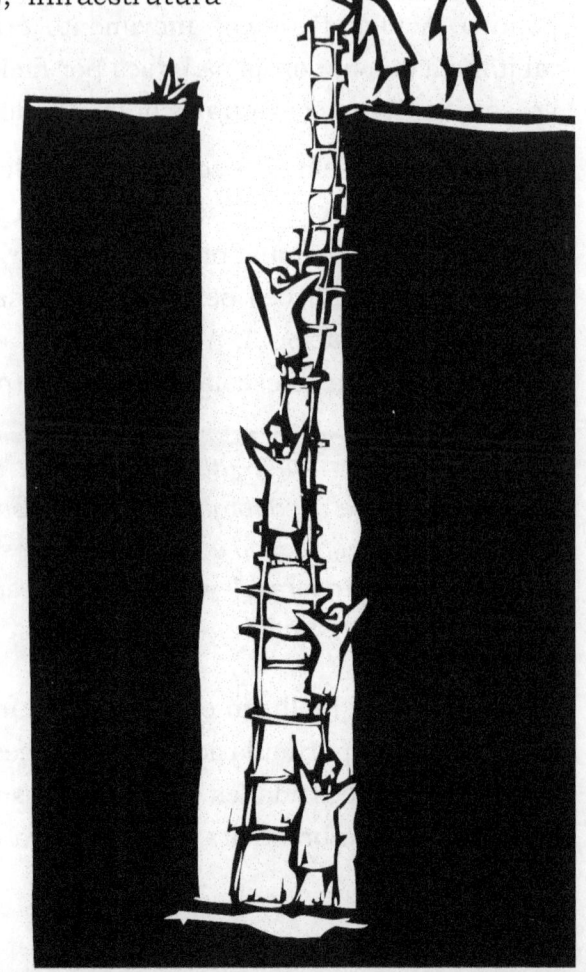

Na chamada Teoria das armadilhas de pobreza, os investimentos públicos devem se dar em setores como capital humano (saúde, educação e nutrição), infraestrutura (rodovias, energia, água e saneamento básico e conservação ambiental), capital natural (conservação da biodiversidade e ecossistemas), capital institucional público (administração pública transparente, sistema judiciário e força policial) e partes do capital de conhecimentos (pesquisa científica na área da saúde, energia, agricultura, clima e ecologia).

Mesmo com diversas características distintas variáveis contidas em cada uma delas (como exemplo, na educação as variáveis possíveis são alfabetização, escolaridade, nível de instrução), a educação é um dos aspectos com maior influência na probabilidade de determinado indivíduo sair de uma armadilha de pobreza.

Nesse sentido, os discursos a respeito da inclusão têm apresentado matizes diferenciadas, indo desde aqueles que defendem a inclusão educacional como parte de um movimento maior de inclusão social, até outros que pensam a inclusão apenas como acesso de alunos com deficiência na escola comum. Como aponta Mendes (2001; 2006), há um duplo movimento. Ao mesmo tempo que o ideal de inclusão torna-se mais popular vindo a ser pauta obrigatória para todos os interessados nos direitos dos alunos com necessidades educacionais especiais, surgem diversas controvérsias, não a respeito dos princípios, mas sobre as formas de efetivá-los. E, em uma perspectiva mais ampla, Gonçalves Mendes avalia que as raízes históricas da emergência do debate sobre a inclusão educacional no Brasil está relacionada a um modismo internacional e tem marcado de forma determinante as feições que o movimento vem ganhando.

De maneira geral, identifica-se duas propostas com aspectos divergentes entre elas. Uma defende a "inclusão" argumentando que a classe regular é a melhor opção para as crianças com deficiência ou necessidades educacionais especiais, mas admitindo a necessidade de serviços de apoio. Outra defende que a "inclusão total" seria a colocação de todos os estudantes na classe comum da escola, independentemente do grau e tipo de incapacidade.

As controvérsias servem para afinarmos os argumentos a respeito da consideração dessas crianças na educação pública. No entender de Maria Salete Fabio Aranha (2001), a inclusão deve prever intervenções no processo de desenvolvimento do sujeito e no processo de reajuste da realidade social, uma vez que não basta somente investir no desenvolvimento do indivíduo, é necessário também a criação de condições que garantam o acesso e a participação da pessoa na vida social da comunidade, daí a necessidade de provir suporte físico, psicológico, social e instrumental.

Ambas as correntes (da inclusão e da inclusão total) surgiram levando-se em conta movimentos de pais e diversos outros representantes da sociedade civil (organizada ou não) na luta pelo atendimento ao princípio da igualdade de direitos. Desse modo, a militância acabou desenvolvendo ações com as comunidades onde atuam para buscar oportunidades de escolarização igualitária.

De acordo com Sandra Maria Zákia Lian Sousa e Rosângela Gavioli Prieto, desde a Constituição Federal de 1988 é previsto aos alunos com necessidades educacionais especiais a garantia de educação e de atendimento especializado, de preferência na rede pública e regular de ensino. A **Lei de Diretrizes e Bases da Educação Nacional**, relatoria de Darcy Ribeiro (1996), em seu artigo 58, parágrafo 1º, apesar de dar prioridade ao atendimento integrado às classes comuns do ensino regular, prevê a existência e manutenção das classes, escolas ou serviços especializados com o objetivo de oferecer aos alunos em complementação (ou substituição) o atendimento educacional nas classes comuns (Souza e Prieto, 2002, p. 130).

Recentemente aprovado, o Estatuto do Deficiente (Lei nº 13.146, de 6 de julho de 2015), estabeleceu algumas regras concernentes à adoção de medidas para a inclusão do portador de deficiência no âmbito do sistema educacional. Imposições como estrutura adequada, apoio às pessoas portadoras de necessidades especiais e qualificação profissional para o cuidado desses indivíduos são alguns dos dispositivos elencados na norma. O capítulo V, do título II, da referida lei trata da questão em detalhes.

O que mais se fomenta na questão pertinente à educação no novo estatuto é a inclusão do deficiente, principalmente no convívio com as demais pessoas. A conquista que se pretende alcançar diz respeito à igualdade em si, ou seja, fazer com que o deficiente interaja com os demais e participe das tarefas e atividades realizadas pelos não portadores de deficiência a fim de minimizar as diferenças.

O artigo 28 do Estatuto do Deficiente, a partir do seu *caput* e, principalmente, por meio dos incisos V, XV e XVI transmite, claramente, esse objetivo:

> Art. 28. Incumbe ao poder público assegurar, criar, desenvolver, implementar, incentivar, acompanhar e avaliar:
>
> [...]
>
> V – adoção de medidas individualizadas e coletivas em ambientes que maximizem o desenvolvimento acadêmico e social dos estudantes com deficiência, favorecendo o acesso, a permanência, a participação e a aprendizagem em instituições de ensino;
>
> [...]
>
> XV – acesso da pessoa com deficiência, em igualdade de condições, a jogos e a atividades recreativas, esportivas e de lazer, no sistema escolar;
>
> [...]
>
> XVI – acessibilidade para todos os estudantes, trabalhadores da educação e demais integrantes da comunidade escolar às edificações, aos ambientes e às atividades concernentes a todas as modalidades, etapas e níveis de ensino;
>
> [...]

PARA SABER MAIS! A Lei nº 13.146/2015, que deu origem ao Estatuto do Deficiente, pode ser consultada na íntegra no site <www.planalto.gov.br/ccivil_03/_Ato2015-2018/2015/Lei/L13146.htm>. Acesso em: 23 nov. 2015. A seguir, veja um quadro com as principais inovações.

EDUCAÇÃO E SAÚDE:	CULTURA E LAZER:	TRABALHO:	DIREITOS CIVIS:
• Proibição de escolas privadas cobrarem mais de alunos com deficiência; • reserva de 10% de vagas nos processos seletivos de cursos de Ensino Superior e Ensino Técnico; • planos de saúde ficam proibidos de discriminar a pessoa em razão da sua deficiência.	• Teatros, cinemas, auditórios e estádios devem reservar espaços e assentos; • hotéis deverão fornecer dormitórios acessíveis; • editoras não poderão usar qualquer argumento para negar oferta de livro acessível.	• Criação do auxílio inclusão (renda auxiliar para o trabalhador com deficiência); • revisão da Lei de Cotas, obrigando empresas com 50 a 99 empregados a contratar, pelo menos, uma pessoa com deficiência; • possibilidade do uso do Fundo de Garantia do Tempo de Serviço (FGTS) para compra de órteses ou próteses.	• Pessoas com deficiência intelectual terão direito ao voto e ao casamento; • criação do Cadastro de Inclusão para sistematizar e disseminar informações de pessoas com deficiência; • a reforma de todas as calçadas passará a ser responsabilidade do Poder Público, que deverá tornar todas as rotas acessíveis.

Embasados nessa nova lei e na de 1996, os argumentos carregam um aspecto comum, porém, o importante é a ideia de uma educação escolar para todas as pessoas. A educação escolar real e efetiva para todos necessita de ações governamentais e não governamentais. Somente o envolvimento da sociedade tornará possível o alcance de um novo horizonte de respeito entre os seres. A sociedade como um todo é responsável por oferecer serviços específicos para

os cidadãos que necessitarem, sem, no entanto, perder de vista que é preciso possibilitar também o acesso aos serviços já existentes.

Ao se utilizar a expressão "**educação especial**", o que se quer dizer com "especial"? A demanda específica refere-se, via de regra, às condições que podem ser necessárias a determinados alunos para viabilizar o cumprimento do direito de todos à educação. Nesse sentido, fornecer todo o aparato necessário para que ocorra a garantia do direito é tão essencial como a própria existência do serviço em si. Sem as condições necessárias não é possível garantir o direito a todas as pessoas.

As condições podem ser bastante variadas, mas apresentam a necessidade de auxílios ou serviços que vão possibilitar a participação no processo de aprendizagem. Em muitos casos, a oferta de materiais e equipamentos, as barreiras arquitetônicas, o mobiliário, a rede de comunicação, a logística, a metodologia, tudo faz parte dos aspectos necessários para que o processo de aprendizagem aconteça.

O que se verifica na legislação nacional que trata da **educação inclusiva** é uma espécie de reiteração do princípio do atendimento aos alunos especiais na rede regular de ensino, simultâneo ao oferecimento de serviços especializados integrados ao ensino comum. Entretanto, o que se observa na prática é que a oferta peca tanto pela qualidade quanto pela quantidade, ou seja, a rede de atendimento é insuficiente para realmente garantir o acesso e a permanência no ensino. Os movimentos que lutam pela inclusão – seja pela via da inclusão ou pela via da inclusão total – além do horizonte de uma melhoria da educação em geral, não perdem de vista as particularidades locais. É preciso que cada localidade perceba suas próprias necessidades para pensar em formas próprias de política de inclusão educacional. Espera-se que, com a recente lei aprovada, movimentos que aperfeiçoem essa prestação possam ser fortalecidos.

As dificuldades são muitas quando consideramos que, para a inclusão social e escolar acontecer, é necessário também

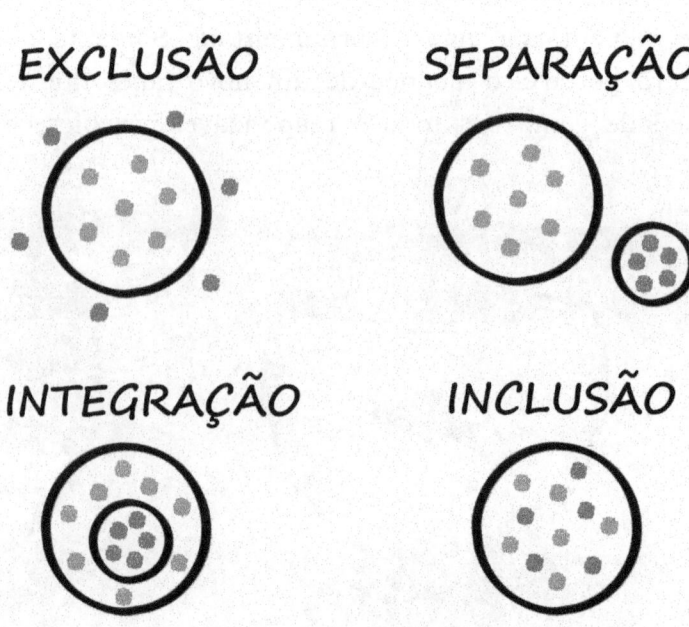

intervenção em curto prazo nas diferentes instâncias da comunidade na qual a vida do sujeito está inserida. É preciso criar condições de acesso aos espaços comuns da vida cotidiana de uma comunidade. Para isso ocorrer, é preciso a participação de todos, notadamente daqueles que trabalham para a universalização do acesso e da garantia de permanência, bem como a melhoria da qualidade do ensino como um todo.

7. Como escapar de armadilhas

A tensão proveniente do relacionamento entre a sociedade e as pessoas portadoras de alguma necessidade especial – deformação corporal, mau funcionamento de algum(ns) sentido(s) ou órgãos – sempre foi motivo de observações e considerações, por vezes objeto do campo jurídico.

Retomando desde as ideias de Jean-Jacques Rousseau a respeito do contrato social e das origens e fundamentos da desigualdade entre os homens, observam-se implicações significativas sobre a necessidade da fundação do Estado para que houvesse a possibilidade não apenas da existência real de direitos, mas também das garantias que efetivam tais direitos nas sociedades. O contrato social enquanto alegoria que se refere ao pacto social tem sua importância justamente na possibilidade de defesa dos mais fracos diante da opressão dos mais fortes. Ao mesmo tempo, essa alegoria mostra como se legitimaram as desigualdades na transformação da liberdade à servidão. Nesse sentido, as desigualdades são perpetuadas pelo próprio homem, sendo o Estado a principal instituição social que teria como tarefa, de um lado, a promoção e perpetuação da desigualdade entre os homens, de outro, a possibilidade de construção da igualdade por meio de um tratamento igualitário aos iguais e desigualitário aos desiguais.

A necessidade de mudarmos a forma de pensarmos, de desigualdade para diferença, implica um amadurecimento da noção de respeito à diversidade. Isso se dá devido ao fato da diferença considerar os termos equivalentes dentro de suas especificidades.

Tendo como objetivo a fuga das comparações que hierarquizam as pessoas, a Constituição Federal do Brasil, em seu artigo 5°, coloca a igualdade como princípio fundamental e garante o direito à vida, à liberdade, à igualdade, à segurança e à propriedade. No que tange à igualdade, o princípio da relatividade de tratar os iguais como iguais e os desiguais como desiguais produz a dupla necessidade, de um lado a alteração, o ajustamento e a modificação da pessoa portadora de necessidade especial, de outro, transformações na sociedade como um todo para que se possa alcançar uma situação de integração e igualdade.

A exclusão, a segregação e o estigma são expressões da desigualdade a que as pessoas portadoras de necessidades especiais têm estado submetidas. No intuito de produzir efeitos reais, a educação tem sido apontada como um dos principais fatores para escapar das armadilhas de pobreza levando as pessoas a alcançar um novo patamar de estabilidade socioeconômica. A qualificação, as ações para a integração e o combate ao estigma paulatinamente se fazem evidentes por meio da inserção dessas pessoas no mercado de trabalho, da conquista do respeito e da possibilidade da esperança.

Glossário – Unidade 1

Armadilhas de pobreza – Condições de pobreza que os indivíduos não conseguem modificar devido a um ciclo vicioso que encerra todas as ações em uma cadeia redundante, mantendo inacessíveis as oportunidades e levando o sujeito a permanecer com baixa qualificação profissional e fora do mercado de trabalho formal.

O contrato social – Título da obra de Jean-Jacques Rousseau. Referência aos chamados autores "contratualistas", ou seja, autores que explicavam o surgimento do Estado com base em uma história hipotética a respeito dos três momentos: 1) estado de natureza; 2) contrato social e 3) sociedade civil. O contrato (ou pacto) social é entendido, portanto, como a fase transitória entre o estado de natureza (período em que não havia regras, leis ou qualquer forma organizada de poder) e a sociedade civil (que surge justamente com a fundação do Estado, as formas de organização e o campo jurídico).

Desigualdade – Conceito trabalhado por Jean-Jacques Rousseau em seu texto *Discurso sobre a origem e os fundamentos da desigualdade entre os homens* (1755), que explica como se legitimam as desigualdades nas sociedades humanas. O termo desigualdade remete também a aspectos comparativos entre termos, em que não se aponta apenas o fato de cada um deles possuir essas particularidades, mas demonstrar que essas particularidades em si podem ser avaliadas como juízo de valor, conduzindo a hierarquizações.

Diferença – Característica que aponta particularidades e que permite a determinado indivíduo se distinguir do(s) outro(s). Ao se comparar tal traço, evidenciam-se as qualidades pertinentes a cada indivíduo, salientando-se aparentes distinções. Tal particularidade é apontada sem que isso permita qualquer tipo de avaliação sobre o que seria melhor ou pior, não havendo qualquer conotação hierárquica.

Educação especial – Ramo da Educação interessado no atendimento de pessoas com deficiência em instituições especializadas, tais como escolas para surdos, cegos ou escolas para atender pessoas com deficiência mental. A educação especial pode se dar fora do sistema regular de ensino. Nela, as necessidades educativas especiais não classificadas como deficiência não estão incluídas.

Educação inclusiva – Processo em que se amplia a participação de todos os estudantes nos estabelecimentos de ensino regular. Modificação e reestruturação da cultura, da prática e das políticas utilizadas nas escolas para possibilitar o atendimento da diversidade dos alunos. Abordagem mais humanística e democrática, tendo como principais objetivos a inserção social, o crescimento e a satisfação pessoal.

Igualdade – Referência à possibilidade de tratamento e acesso igualitário a bens e serviços.

Inclusão social – Expressão utilizada para fazer referência às diversas ações e medidas tomadas no sentido de buscar o fim (ou ao menos a diminuição) da exclusão ao acesso aos benefícios e conquistas da sociedade. A motivação da exclusão pode se dar pela classe social, origem geográfica ou étnica, educação, idade, condição física, opção sexual ou escolhas ideológicas. Inclusão social, portanto, tem a ver com a oferta igualitária de oportunidades de acesso aos serviços e bens.

Inclusão escolar – Parte da inclusão social, diversas ações e medidas tomadas no sentido de buscar o fim (ou a diminuição) da exclusão ao acesso à educação. Trata-se do acolhimento de todas as pessoas, sem exceção, no sistema de ensino, sem que seja considerada a origem geográfica ou étnica, classe social, e as condições físicas e psicológicas.

Lei de Diretrizes e Bases da Educação Nacional – Conjunto de leis que define e regulariza o sistema de educação brasileiro com base nos princípios presentes na Constituição.

Paradigma da institucionalização – Conceito baseado na concepção de que a pessoa com alguma característica diferenciada, e por esse motivo tida como pouco produtiva ou improdutiva, só estaria protegida se fosse mantida em uma instituição, portanto, segregada da sociedade. Desse paradigma surgem as chamadas Instituições Totais, que foram concebidas e construídas com o objetivo de manter as pessoas ditas "deficientes" alijadas da sociedade. A partir dessas instituições, desenvolveram-se diversas práticas terapêuticas e cuidados em geral para viabilizar as rotinas e procedimentos cotidianos.

Paradigma de suportes – A fundamentação é embasada nos ganhos em desenvolvimento pessoal e social que seriam decorrentes justamente da interação social com a diversidade. Possui forte aspecto político, na medida em que o princípio da igualdade aponta justamente para a inclusão, em seu sentido de processo de garantia do acesso ao espaço comum da vida em sociedade.

Paradigma dos serviços – Este paradigma defende que a pessoa diferente tem o direito à convivência social. No entanto, essa convivência só pode ser exercida se o indivíduo for ajudado a se "modificar", se "ajustar", de modo a parecer o mais "semelhante" possível aos demais indivíduos da sociedade.

Paradigma – Conjunto de conceitos, valores, percepções e práticas que são compartilhadas por grupos em uma sociedade, ou por toda uma sociedade em momentos históricos diferentes.

UNIDADE 2
INCLUSÃO SOCIOEDUCACIONAL

Capítulo 1 Introdução, 30

Capítulo 2 Universalização da educação: direitos e garantias, 30

Capítulo 3 Dificuldades para a efetivação da inclusão escolar, 31

Capítulo 4 Outras possibilidades para o educador, 34

Capítulo 5 Marcos históricos e normativos, 36

Capítulo 6 A importância da educação inclusiva, 43

Glossário, 46

1. Introdução

Nesta unidade vamos tratar das concepções de inclusão socioeducacional perante as Diretrizes Curriculares Nacionais para a Educação Especial, bem como outras legislações que tratam da Educação em geral e da Educação Especial. Paralelamente, vamos apresentar a noção de cidadania e das concepções antropológicas sobre a exclusão social diante das possibilidades do exercício dos direitos e deveres relacionados ao acesso e a permanência na escola, bem como os mecanismos para garantir tais direitos.

2. Universalização da educação: direitos e garantias

A partir da década de 1990, assuntos relacionados à universalização da educação têm recebido destaque no panorama das políticas governamentais brasileiras. Nota-se que decorrem dessa modificação o fortalecimento e a ampliação dos discursos e das propostas que têm como objetivo a garantia do direito à educação para todos, independentemente da condição intelectual, socioeconômica, cultural, física ou sensorial.

Mesmo que se considere o crescimento dos índices de matrículas iniciais no Ensino Fundamental nesse mesmo período, as ações organizadas não foram capazes de cumprir com os compromissos constantes na Constituição Federal de 1988 (CF/88) como a universalização do atendimento escolar, a erradicação do analfabetismo, a formação para o trabalho e promoção humanística, científica e tecnológica do país, a melhoria da qualidade de ensino. Com a aprovação do Estatuto da Pessoa com Deficiência, espera-se que tais compromissos possam ser cumpridos.

A universalização do acesso à escola é uma luta da sociedade brasileira que remonta há décadas. Como decorrência dessa militância, observa-se a inclusão na CF de 1988 da ideia da educação como um direito de todos, sendo definido até as responsabilidades por sua promoção e incentivo. O art. 205 apresenta que

> A educação, direito de todos e dever do Estado e da família, será promovida e incentivada com a colaboração da sociedade, visando ao pleno desenvolvimento da pessoa, seu preparo para o exercício da cidadania e sua qualificação para o trabalho. (BRASIL)

O artigo 205 assegura o direito à educação, uma vez que o Estado e a família, notadamente os pais, cumprem seu papel. No entanto, notória e constante é a situação flagrante em que os pais, o Estado, ou até mesmo ambos, desrespeitam e violam esse direito. Nesses casos é necessário que se acionem mecanismos para que se possa exigir o cumprimento da lei. Mesmo assim, as variações nas tipologias dos casos, variações nas conjunturas de acordo com o âmbito municipal, estadual ou federal, não arrefecem as tensões da busca por soluções, até mesmo no judiciário.

De acordo com Romualdo Portela de Oliveira, os principais instrumentos para viabilizar o direito à educação são: 1) o mandato de segurança coletivo; 2) mandato de injunção e 3) ação civil pública (2001, p. 33). Salienta ainda que o direito de gratuidade já constava na **Constituição Imperial**. No entanto, aperfeiçoamentos inseridos se expressam para além do ambiente jurídico, evidenciados na própria redação do texto, mas, sobretudo, nos mecanismos de garantia dos direitos já anunciados em legislações anteriores.

Entre as possibilidades para garantir os direitos constitucionais referentes à educação, o cidadão pode acionar o **Conselho Tutelar**, o Ministério Público (Estadual ou Federal) ou a Ordem dos Advogados do Brasil (OAB). Corroborando com Oliveira (Idem), Rosângela Gavioli Prieto (2003) afirma que, a despeito das modernas sociedades democráticas atribuírem os direitos universais à educação, há uma resistência social para que se realize a efetivação desse direito. E, ainda mais, as formas de exclusão, tanto social como educacional, demandam soluções mais enfáticas na medida em que o Estado, muitas vezes, se mostra refratário na efetivação desse direito.

3. Dificuldades para a efetivação da inclusão escolar

São muitas as dificuldades e desafios da inclusão escolar no século XXI. Pode-se dizer que, nas últimas três décadas, o direito universal à educação passou a ser debatido de uma maneira mais efetiva que nas décadas anteriores. Isso se deu em razão da necessidade de construção de uma instituição de ensino que tenha capacidade para contemplar as **necessidades educacionais especiais** de todas as pessoas, de maneira integral, universal e equitativa. Algumas coisas contidas nesse debate passaram a ser discutidas e integradas em documentos legais, tanto no âmbito nacional quanto internacional como a **Constituição Federal do Brasil** (Brasil, 1988), a Declaração Mundial Sobre Educação para Todos (Unesco, 1990), a Declaração de Salamanca (Espanha, 1994) e a Lei de Diretrizes e Bases da Educação Nacional (Brasil, 1996) e, mais recentemente, o Estatuto da Pessoa com Deficiência (Brasil, 2015).

PARA SABER MAIS! Caso queira conhecer o texto da Declaração Mundial Sobre Educação para Todos (Unesco, 1990), basta acessar o link: <http://unesdoc.unesco.org/images/0008/000862/086291por.pdf>. Acesso em: 24 nov. 2015, na página da Unesco.

A pessoa portadora de deficiência ou necessidades educacionais especiais passa a ser discutida e paulatinamente contemplada nas legislações de vários países ao redor do mundo. Alguns exemplos dessa inserção são a Convenção da Guatemala (2001), a Convenção dos Direitos das Pessoas com Deficiência, ratificada e incorporada ao ordenamento jurídico nacional como Decreto Legislativo nº 186/2008 (Brasil, 2008).

A perspectiva de educação para todos, de caráter universal, portanto, é o embasamento para a inclusão de estudantes com necessidades especiais no sistema regular de ensino. As possibilidades pedagógicas e as várias adaptações são feitas levando em consideração as maneiras diferenciadas de ensinar e aprender dependendo do contexto e das especificidades de cada aluno.

A fim de produzir as adaptações da melhor maneira possível, procura-se manter a ideia de uma educação de qualidade, mas essa qualidade também deve ser universal. Por isso a necessidade de diferentes estratégias de ensino que sejam capazes de abarcar indivíduos com distintas necessidades educacionais específicas e, ao mesmo tempo, contemplar também os contextos socioeconômicos e culturais. Daí que as estratégias devem ser heterogêneas e flexíveis. Em cada situação, novas possibilidades podem se dar em razão das particularidades dos alunos.

O educador é um dos agentes com as melhores condições para desempenhar um papel importante na percepção dos alunos, a respeito de suas potencialidades e limitações. A aceitação das limitações e a compreensão de que as potencialidades devem ser exploradas é fundamental para o desenvolvimento dos alunos e também para que o educador possa trabalhar as **estratégias didático**-pedagógicas.

No processo de aprendizagem, tanto os alunos quanto os educadores podem descobrir as aptidões e habilidades de cada um. Não existe processo completamente neutro e autônomo. Todos precisam de auxílio em determinadas áreas. Como argumentam Staimback e Staimback (1999), as salas de aula podem ser comunidades de aprendizagem e apoio compartilhado e mútuo. No entanto, é necessária a ação do educador para a promoção do respeito às diferenças por meio de atividades que possam criar oportunidades para que os alunos venham perceber os outros a partir de um ponto de vista que relativize as diferenças (Idem, p. 299).

PARA SABER MAIS! AMARO, Diegles G.; MACEDO, Lino. Da lógica da exclusão à lógica da inclusão: *reflexão sobre uma estratégia de apoio à inclusão escolar*, 2002. Disponível em: <www.educacaoonline.pro.br/index.php?option=com_content&view=article&id=90:da-logica-da-exclusao-a-logica-da-inclusao-reflexao-sobre-uma-estrategia-de-apoio-a-inclusao-escolar&catid=6:educacao-inclusiva&Itemid=17>. Acesso em: 14 nov. 2015.

Intenta-se a construção de uma escola que possa ser inclusiva em todos os aspectos. Não basta a inclusão nas escolas: é preciso também que as metodologias e estratégias didáticas aplicadas nas salas de aula absorvam modificações que possam contemplar as diferenças. Com isso, almeja-se um baixo índice de evasão e a permanência dos estudantes com necessidades especiais de aprendizagem nas salas de aula do ensino regular. A lógica da inclusão considera também que, por meio de alunos com diferentes potencialidades e limitações, os estudantes têm oportunidades para aprender conteúdos que não são contemplados no currículo formal.

Mesmo com diversas dificuldades para a implementação e a efetivação da inclusão escolar, diversos são os benefícios apontados por pesquisadores e relatados por educadores e aprendentes. O descobrimento de aspectos comuns entre pessoas aparentemente são muito diferentes, o orgulho em compartilhar e ajudar outros a adquirir conhecimentos, o agir embasado em princípios organizados como a ética e a igualdade, a superação da discriminação e segregação, a defesa dos oprimidos etc. são alguns dos elementos apresentados como benefícios significativos da inclusão escolar.

No entender de Staimback e Staimback (1999), as amizades produzidas no ambiente inclusivo são efetivas para o sentimento de pertencimento à comunidade. Os alunos compreendem a comunidade e a apreendem levando-se em conta a diversidade. Tal ponto de vista para a aprendizagem e inserção social possibilita comunidades mais seguras, com menos segregação e menos exclusão.

Na realidade da prática docente observa-se, no entanto, que em diversas situações os profissionais da educação se mostram apáticos e enfraquecidos perante a estrutura rígida e conservadora das instituições de ensino no país. Há também a resistência em mudar certos padrões de trabalho que terminam por forçar comportamentos viciosos e pouco produtivos no que tange o respeito à diversidade. Somam-se outros problemas relativamente comuns no ambiente escolar como os de infraestrutura, falta de materiais, equipamentos, livros etc., bem como salas de aula lotadas, nas quais os alunos apresentam um comportamento indisciplinado bem estabelecido.

Nota-se, ao observar vários aspectos, que a inclusão educacional não é um objetivo fácil de alcançar, embora haja vários exemplos que comprovam ser uma possibilidade real. As dificuldades, como algumas das mencionadas anteriormente, devem ser contornadas por um pacto em que toda a comunidade escolar está de acordo com a cooperação para o respeito à diferença e a inclusão real. Para alcançar algo nesse sentido é preciso observação, reflexão, consensos e ações práticas para a construção de novos projetos pedagógicos mais democráticos e inclusivos.

PARA SABER MAIS: Para conhecer um pouco mais sobre a educação inclusiva, recomendamos o texto "Educação inclusiva: concepções de professores e diretores", de autoria da psicóloga Izabella Mendes Sant'ana, mestre e doutora em Psicologia pela PUC/Campinas. Disponível no site: <www.scielo.br/pdf/pe/v10n2/v10n2a09.pdf>. Acesso em: 24 nov. 2015.

4. Outras possibilidades para o educador

Para que se tenham novas possibilidades de ação, são necessárias modificações significativas na formação do educador do ensino básico (Perrenoud, 1993). Entre outros autores, Perrenoud aponta uma saturação do campo teórico da Pedagogia que, no entanto, não se realiza na prática como ações concretas e efetivas, pois, muitas vezes, não são discutidos os caminhos necessários para colocar em execução as sugestões teóricas. A saturação e os idealismos teóricos tendem a complicar ainda mais aumentando as dificuldades. Notável até mesmo o fato de muitos teóricos terem uma relação distante com as salas de aula e as escolas em geral.

Um dos maiores desafios é que não há receitas infalíveis prontas para serem colocadas em prática. As generalizações são tidas como incapazes de garantir a verdadeira inclusão, uma vez que toda escola e todos os alunos são singulares. Em virtude desse aspecto, apenas em situações reais é que se pode pensar nas necessidades educacionais específicas (Mazzota, 2003).

ATENÇÃO! A diversidade deve ser tomada pela Educação levando-se em conta a ideia de uma característica inerente ao ser humano. Justamente por essa razão, há a necessidade de formação de um cidadão responsável e que respeite as diferenças.

De acordo com Windyz Ferreira (2006), a tarefa do educador é muito mais que somente transmitir conteúdos; o professor deve enfrentar os problemas que provocam a exclusão educacional.

Registram-se avanços no que diz respeito às modificações na estrutura física das escolas para eliminar as barreiras que separam e dividem espaços. A interdição do espaço frequentemente é pensada pela lógica do uso. Para cada espaço são determinados certos usos. No entanto, a segregação no espaço escolar acaba por impossibilitar que o aluno com necessidades educacionais especiais compartilhe as mesmas experiências que os demais alunos.

Com a eliminação das barreiras que separam os espaços na escola surge outro problema. Muitas vezes, os alunos estão no mesmo espaço físico, porém, sem participar efetivamente das atividades propostas. Por essa razão, o Estatuto da Pessoa com Deficiência (Lei nº 13.146/2015), como já explorado na primeira Unidade, impõe uma política de inclusão verdadeira, em que as pessoas portadoras de necessidades especiais possam, de fato, interagir com outros indivíduos não portadores de deficiência, adentrando, assim, numa atmosfera efetiva de inclusão social.

*ATENÇÃO! É preciso que a inclusão seja verdadeira no aspecto pedagógico. Ou seja, é necessário que a prática pedagógica seja alterada para uma **inclusão efetiva**.*

O professor realiza as escolhas pedagógicas, mas, no entanto, não pode ser responsabilizado isoladamente pela inclusão. A inclusão deve ser uma meta a ser alcançada, e toda a comunidade, da escola e fora dela, deve estar envolvida para que a inclusão seja verdadeira. É preciso que se disseminem informações sobre estratégias para que sejam implementadas levando-se em conta as adaptações para cada realidade. Esse tipo de demanda induz à necessidade de formação continuada para os educadores. Os processos de aprendizagem que são utilizados e tidos como casos de êxito precisam ser disseminados. O educador pode ser investigador de suas próprias estratégias pedagógicas. Ele necessita de outras ferramentas para incrementar o próprio processo de trabalho. A escola inclusiva deve ser um projeto de **políticas públicas** na área da educação, contemplando também o desenvolvimento do educador para que haja reais condições para se trabalhar com a diversidade sociocognitiva do alunado. Somente dessa forma é possível falar em algum êxito: conteúdos curriculares mais articulados à igualdade, respeito à diversidade e justiça social.

Está nas mãos do educador a possibilidade de combater os preconceitos para além do discurso. As ações efetivas são necessárias para que mudanças reais aconteçam. De acordo com Windyz Ferreira (2006), a utilização de pedagogias inclusivas leva o educador a transformar sua visão sobre as ações de sala de aula ao adquirir habilidades para refletir sobre sua prática procurando melhorá-la e aperfeiçoá-la.

O educador é um importante agente, mas é preciso mais que isso: a educação para todos deve ser um trabalho de parcerias entre vários profissionais. A participação dos professores do ensino comum em conjunto com os professores da educação especial é essencial para se obter melhores resultados. A escolha das estratégias, processos e adaptações deve ser feita em conjunto, uma vez que requer determinada abordagem mais ampla e geral.

Os educadores são enfáticos ao mostrar que a segregação está também no âmbito das tomadas de decisão. Mesmo os professores que atuam na educação especial, muitas vezes são alijados das reuniões pedagógicas nas Secretarias de Educação. De outro modo, os educadores que atuam nas turmas regulares não são convidados a participar das reuniões que tratam da educação especial. Essas separações dificultam a integração do trabalho. Embora seja consenso que o processo deva ser integral, na prática ainda se enfrenta muitas dificuldades no plano operacional.

5. Marcos históricos e normativos

A democratização das escolas e ampliação do acesso ao ensino evidenciou o problema da exclusão/inclusão. Apesar da democratização, as escolas continuam excluindo os alunos considerados fora do padrão homogeneizador das instituições de ensino. De diversas maneiras, os processos de exclusão apresentam recorrências no que diz respeito à segregação ou integração. Tais recorrências mostram o pressuposto da seleção e naturalizam o **fracasso escolar**.

Pela perspectiva dos direitos humanos e da concepção de cidadania embasada no reconhecimento das diferenças, decorre uma identificação das hierarquizações utilizadas para a regulação e produção de desigualdades. Tornam-se explícitos, dessa maneira, processos normativos de distinção dos alunos em virtude das características intelectuais, físicas, culturais, sociais, linguísticas, entre outras, que marcam a estrutura do modelo tradicional de educação.

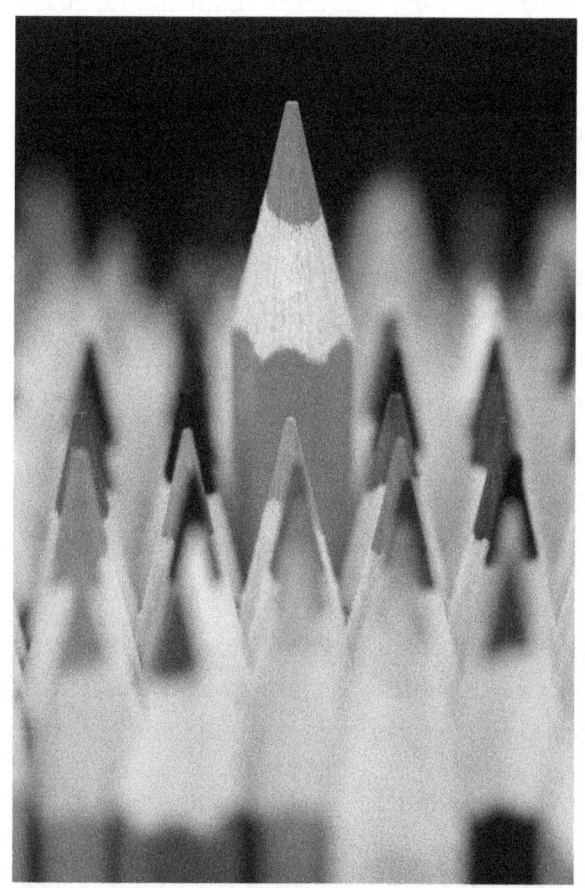

A educação especial surge com a intenção de atender os alunos com necessidades educacionais especiais, evidenciando diferentes compreensões, terminologias e modalidades que levaram às diversas tentativas pedagógicas, como as escolas especiais, instituições especializadas e classes especiais. Tal organização do sistema de ensino fundamentada nas concepções de normalidade e anormalidade determina maneiras específicas de atendimento clínico-terapêutico ancorados nas avaliações psicométricas que buscam definir as práticas escolares para os alunos portadores de alguma necessidade especial.

O atendimento às pessoas com necessidades especiais tem início no Brasil ainda durante o Império, quando em 1854 surgem o "Imperial Instituto dos Meninos Cegos" (atual Instituto Benjamin Constant – IBC) e o "Instituto dos Surdos Mudos" de 1857 (atual Instituto Nacional da Educação dos Surdos – INES), ambos localizados no Rio de Janeiro. No século XX, surge o Instituto Pestalozzi (1926), especializado no atendimento de pessoas com deficiência mental, em 1954 é fundada a primeira Associação de Pais e Amigos dos Excepcionais – APAE e em 1945 é criado o primeiro atendimento especializado às pessoas com superdotação na Sociedade Pestalozzi.

O atendimento educacional às pessoas com necessidades especiais torna-se fundamentado em 1961 pela Lei de Diretrizes e Bases da Educação Nacional (LDBEN – Lei nº 4.024/61), que indica o direito dos "excepcionais" à educação, de preferência inseridos no sistema geral de ensino. Em 1971 surge a lei que vai alterar a LDBEN de 1961. Nessa nova lei (Lei nº 5.692/71), ao definir "tratamento especial" para alunos com "deficiências físicas, mentais, os que se encontram em atraso considerável quanto à idade regular de matrícula e os superdotados" não promove a organização de um sistema que fosse capaz de realmente atender às demandas educacionais especiais, reforçando o encaminhamento desses alunos para as classes e escolas especiais.

Em 1973, o Ministério da Educação criou o Centro Nacional de Educação Especial – CENESP, órgão com a responsabilidade de gerenciar a educação especial no Brasil. O CENESP atuou com as diretrizes integracionistas, no entanto, com ações ainda pautadas pelo **assistencialismo** e iniciativas isoladas do Estado. Nessa época, não se pode dizer que se efetiva uma política pública de acesso universal à educação, mantendo-se a concepção de "políticas especiais" para alunos portadores de deficiência e necessidades especiais.

Em 1988, com a nova Constituição Federal elaborada após o Regime Militar tem como um dos seus objetivos fundamentais "promover o bem de todos, sem preconceitos de origem, raça, sexo, cor, idade e quaisquer outras formas de discriminação" (Art. 3º, inciso IV). O artigo 205 (mencionado anteriormente), apresenta a ideia de que

> A educação, direito de todos e dever do Estado e da família, será promovida e incentivada com a colaboração da sociedade, visando ao pleno desenvolvimento da pessoa, seu preparo para o exercício da cidadania e sua qualificação para o trabalho.

E o artigo 206, inciso I, estabelece a "igualdade de condições de acesso e permanência na escola" como um princípio para o ensino e, ainda, no artigo 208, constitui a garantia e dever do Estado sobre a oferta do atendimento escolar especializado, preferencialmente na rede regular de ensino.

O **Estatuto da Criança e do Adolescente – ECA** (Lei nº 8.069/90), em seu artigo 55, reforça os dispositivos legais já mencionados determinando que "os pais ou responsáveis têm a obrigação de matricular seus filhos ou pupilos na rede regular de ensino". Nessa mesma década, surgem documentos internacionais que servem como parâmetros para a formulação das políticas públicas nacionais. São os casos da "Declaração Mundial de Educação para Todos" (1990) e a já mencionada "Declaração de Salamanca" (1994).

> *PARA SABER MAIS! Para conhecer o Estatuto da Criança e do Adolescente – ECA, Lei nº 8.069, de 13 de julho de 1990, basta acessar o site do Ministério Público do Paraná em versão anotada e comentada: <www.crianca.mppr.mp.br/arquivos/File/publi/caopca/eca_anotado_2013_6ed.pdf>. Acesso em: 24 nov. 2015.*

Em 1994, mesmo ano da "Declaração de Salamanca", é publicada a "Política Nacional de Educação Especial", que orienta o processo de integração condicionando o acesso às classes comuns do ensino regular àqueles que "[...] possuem condições de acompanhar e desenvolver as atividades curriculares programadas do ensino comum, no mesmo ritmo dos alunos ditos normais" (p. 19). No entanto, a despeito da reafirmação dos pressupostos de padrões homogêneos de participação e aprendizagem, a política não produz reformulações nas práticas educacionais para valorizar os diferentes potenciais. Assim, mantêm-se a lógica da segregação e alijamento desses alunos para o âmbito da educação especial.

A Lei de Diretrizes e Bases da Educação em sua reedição de 1996 (Lei nº 9.394/96), no artigo 59, afirma que os sistemas de ensino devem assegurar currículo, métodos, recursos e organização específicos para atender os alunos portadores de necessidades educacionais especiais. Além disso, assegura também a terminalidade àqueles que não atingiram o nível exigido para a conclusão do Ensino Fundamental em virtude das deficiências. Assegura, ainda, aos superdotados a aceleração de estudos para a conclusão do programa escolar. Outro aspecto relevante, dado no artigo 24, inciso V, é a possibilidade de avanço nos cursos e nas séries mediante verificação do aprendizado.

> *PARA SABER MAIS! Para conhecer a Lei de Diretrizes e Bases da Educação Nacional – LDBEN – Lei nº 9.394, de 20 de dezembro de 1996, acesse o site: <http://portal.mec.gov.br/arquivos/pdf/ldb.pdf>, acesso em: 24 nov. 2014, e tenha acesso à norma na íntegra.*

O Decreto nº 3.298 de 1999, que regulamenta a Lei nº 7.853/89, dispõe sobre a Política Nacional para a Integração da Pessoa Portadora de Deficiência, definindo a educação especial como uma modalidade transversal a todos os níveis e modalidades de ensino. Acompanhando o processo de mudança de paradigma para a educação especial, a resolução CNE/CEB nº 2/2001, em seu artigo 2º, determina que "os sistemas de ensino devem matricular todos os alunos, cabendo às escolas organizarem-se para o atendimento aos educandos com necessidades educacionais especiais, assegurando as condições necessárias para uma educação de qualidade para todos". As diretrizes ampliaram o caráter da educação especial, mas, no entanto, ao admitir a possibilidade de substituir o ensino regular acabam não potencializando a adoção de uma política verdadeiramente inclusiva na rede pública de ensino, prevista no artigo 2º.

"O grande avanço que a década da educação deveria produzir seria a construção de uma escola inclusiva que garanta o atendimento à diversidade humana". Este é um destaque contido no Plano Nacional de Educação – PNE, Lei nº 10.172/2001, atualizado na versão de 2014 a 2024 (Lei nº 13.005/2014). Ao serem estabelecidos os objetivos e as metas para o atendimento às necessidades educacionais especiais dos alunos, percebe-se um *deficit* referente à oferta de matrículas para alunos com alguma deficiência nas classes comuns, para a formação docente, para a acessibilidade física e para o atendimento especializado.

ATENÇÃO! Entre algumas das imposições feitas pela Lei nº 13.146/2015 – Estatuto da Pessoa com Deficiência, é previsto, nos processos seletivos de educação superior ou educação profissional, haver a disponibilização necessária para a concretização das avaliações indispensáveis, como formulários e tecnologia adaptada.

A afirmação da igualdade de direitos, no que se refere ao atendimento e às liberdades fundamentais presente na Convenção de Guatemala (1999) e no Decreto nº 3.956/2001, define a discriminação com base na deficiência de toda diferenciação ou exclusão que possa vir a impedir ou anular o exercício dos direitos humanos e de suas liberdades fundamentais.

A Resolução CNE/CP nº 1/2002 estabelece as Diretrizes Curriculares Nacionais para a Formação de Professores da Educação Básica, define instituições de Ensino Superior (IES) e preve a formação docente voltada à diversidade e que contemple conhecimentos sobre as especificidades dos alunos com necessidades educacionais especiais.

A Lei nº 10.436/2002 reconhece a **Língua Brasileira de Sinais (Libras)** como meio legal de comunicação, determinando que sejam garantidas formas institucionalizadas de apoiar seu uso, difusão e inclusão da disciplina de Libras como parte constituinte dos currículos dos cursos de formação de professores e de fonoaudiologia.

Em 2002, o Ministério da Educação publica a Portaria nº 2.678, que aprova diretrizes e normas para o uso, ensino, produção e difusão do sistema braille em todas as modalidades do ensino dispondo o Projeto da **Grafia Braille** para a língua portuguesa, bem como sua recomendação para todo o território nacional.

No ano seguinte, 2003, o Ministério da Educação implementa o "Programa Educação Inclusiva: direito à diversidade" com o objetivo de apoiar modificações no sistema de ensino para que se tornem sistemas mais inclusivos, que promovam processos de formação de gestores e educadores nos municípios para a garantia do direito de acesso e permanência de todos à escolarização e à oferta do atendimento especializado.

O documento "O Acesso de Alunos com Deficiência às Escolas e Classes Comuns da Rede Regular", publicado em 2004 pelo Ministério Público Federal, tem o objetivo de disseminar conceitos e diretrizes internacionais para a inclusão, reafirmando os benefícios e direitos da escolarização de alunos com e sem deficiência nas turmas comuns do ensino regular.

PARA SABER MAIS! Para conhecer o teor do documento "O acesso de alunos com deficiência às escolas e classes comuns da rede regular", publicado em 2004 pelo Ministério Público Federal, basta acessar o link: <http://www.adiron.com.br/arquivos/cartilhaatual.pdf>. Acesso em: 24 nov. 2015.

O Decreto nº 5.296/2004 regulamentou as leis nº 10.048/2000 e nº 10.098/2000, estabelecendo critérios e normas para a acessibilidade às pessoas com deficiência e mobilidade reduzida. Sobre esse mesmo assunto, e no contexto desse decreto, o "Programa Brasil Acessível", do Ministério das Cidades, tem por objetivo promover a acessibilidade urbana e apoiar ações que garantam o acesso de todos aos espaços públicos. Embora o "Programa Brasil Acessível" seja mais amplo, as escolas da rede regular de ensino são espaços públicos, logo, também são contempladas pelo Programa.

O Decreto nº 5.626/2005, que regulamenta a Lei nº 10.436/2002, dispõe sobre a inclusão de Libras como disciplina curricular, a formação e certificação do educador, instrutor e tradutor/intérprete de Libras, o ensino de Língua Portuguesa como segunda língua para alunos surdos e a organização do ensino bilíngue na rede regular.

Ainda em 2005, com a implantação dos Núcleos de Atividades de Altas Habilidades/Superdotação – NAAH/S em todas as unidades da federação, bem como no Distrito Federal, são organizados centros de referência para atendimento especializado para as famílias e formação continuada para educadores com o objetivo de garantir esse atendimento aos alunos da rede pública de ensino.

Em 2006, foi aprovada pela Organização das Nações Unidas a "Convenção sobre os Direitos das Pessoas com Deficiência", em que o Brasil se tornou signatário, estabelecendo o dever de assegurar um sistema de educação inclusiva em todos os níveis de ensino maximizando o desenvolvimento acadêmico e social ao adotar medidas que possam garantir que: 1) as pessoas com deficiência não sejam excluídas do sistema educacional sob a alegação de deficiência; 2) as pessoas com deficiência possam ter acesso ao Ensino Fundamental em igualdade de condições com as demais pessoas.

Em 2006 também foram lançados pela Secretaria Especial dos Direitos Humanos os Ministérios da Educação e da Justiça, em colaboração com a Organização das Nações Unidas, com o objetivo de contemplar no currículo da Educação Básica temáticas relativas às pessoas com deficiência e desenvolver ações afirmativas que buscam acesso e permanência no Ensino Superior.

Em 2007 surge o Plano de Desenvolvimento da Educação – PDE, que tem como eixos principais a formação de professores para a educação especial, a implantação de salas de recurso multifuncionais, a acessibilidade arquitetônica dos prédios escolares, o acesso e a permanência das pessoas com necessidades especiais no Ensino Superior e o monitoramento do acesso à escola dos favorecidos pelo Benefício de Prestação Continuada.

As mudanças no paradigma educacional para ações de acessibilidade e inclusão são refletidas no documento do Ministério da Educação intitulado "Plano de Desenvolvimento da Educação: razões, princípios e programas – PDE". Nesse documento, procura-se superar a dicotomia entre educação regular e educação especial. Para viabilizar a implementação do PDE é publicado o Decreto nº 6.094/2007, que estabelece as diretrizes do Compromisso Todos pela Educação visando a garantia do acesso e da permanência no ensino regular e o atendimento às necessidades educacionais especiais dos alunos.

PARA SABER MAIS! Para conhecer o Plano de Desenvolvimento da Educação – PDE, basta acessar o site do Ministério da Educação e, por meio do link <http://portal.mec.gov.br/arquivos/livro/livro.pdf> (acesso em: 24 nov. 2015), para obter o material disponibilizado.

Esse breve histórico serve para perceber a amplitude das preocupações, dos debates no âmbito nacional e internacional, bem como as alterações no paradigma da educação inclusiva das últimas décadas. A partir das variações observam-se reflexos quantitativos e qualitativos. Para ter uma ideia de números, entre 1998 e 2006, houve um crescimento de 640% das matrículas em escolas comuns (inclusão) e de 28% em escolas e classes especiais. Esses dados apontam claramente que as diretrizes estão sendo significativas para o aumento do número de matrículas, embora ainda se discuta as questões referentes aos projetos pedagógicos utilizados nas salas de aula.

Os objetivos da Política Nacional de Educação Especial na Perspectiva Inclusiva estão ligados ao acesso, à participação e à aprendizagem de pessoas com necessidades especiais de educação, transtornos globais do desenvolvimento e altas habilidades/superdotação na rede regular de ensino, garantindo:

1) transversalidade da educação especial desde a Educação Infantil até a Superior;

2) atendimento educacional especializado;

3) continuidade da escolarização nos níveis mais elevados;

4) formação continuada de educadores para o atendimento educacional especializado;

5) participação da família e da comunidade;

6) acessibilidade urbanística e arquitetônica;

7) articulação intersetorial na implementação das políticas públicas.

Esses sete objetivos visam a garantir o acesso e a permanência dos alunos com necessidades especiais tomando como parâmetro o respeito aos direitos humanos em todos os níveis da educação, bem como em todos os âmbitos administrativos: municipal, estadual e federal.

6. A importância da educação inclusiva

Uma vez apresentados os marcos normativos para a educação inclusiva, podemos avaliar alguns aspectos sobre a importância da educação especial e inclusiva no Brasil. Segundo Rosângela Gavioli Prieto (2003), durante a década de 1990 o discurso a respeito da inclusão escolar ganha espaço e legitimidade. No entanto, trata-se de um debate polêmico e cheio de controvérsias. Alguns autores preferem salientar que a inclusão deve ser tratada a partir de uma perspectiva mais ampla, qual seja, pensar a inclusão social, sendo a inclusão educacional um dos aspectos mais relevantes.

As maiores discórdias e controvérsias não se dão sobre os princípios que norteiam a educação inclusiva, mas sim sobre as maneiras de colocá-la em prática, ou seja, as metodologias envolvidas nas atividades reais, nas tomadas de decisão, nas diretrizes e ordenamentos jurídicos que organizam as ações em torno da educação na perspectiva da inclusão e do respeito às diferenças.

De um lado, a proposta de inclusão em classe regular, que admite a possibilidade de serviços específicos e de apoio, de outro lado, a proposta de inclusão total, que procura inserir todos os estudantes, independentemente de suas capacidades na classe comum e eliminando o atual modelo de prestação de serviços e apoio ao ensino especial. Cada uma dessas propostas concentram a maior parte das posições políticas, ideológicas e acadêmicas sobre o debate.

As intervenções necessárias, tanto no que diz respeito aos alunos quanto à sociedade como um todo, visam a criação de condições para a garantia de acesso e participação da pessoa na vida social, por meio de provisões de todos os tipos, como educativas, físicas, clínicas, psicológicas etc. Ambas as correntes mencionadas, originadas dos movimentos de pais, familiares, amigos e outros integrantes da sociedade civil, procuram atender ao princípio da igualdade de direitos, bem como das oportunidades de maneira mais ampla na sociedade.

A educação e o atendimento educacional especializado são garantidos pela Constituição Federal (1988), bem como por todas as normativas, documentos oficiais e orientações a respeito da política educacional que dispõem sobre o atendimento deste direito na rede regular de ensino. Como podemos observar no artigo 58, §1º da Lei de Diretrizes e Bases da Educação Nacional (1996), a prioridade do atendimento deve ser feita nas classes comuns do ensino regular. No entanto, há também a previsão de manutenção de classes, escolas ou serviços especializados com o objetivo de atender as demandas dos alunos que necessitarem. Assim também estabelece o artigo 28, do Estatuto da Pessoa com Deficiência – Lei nº 13.146/2015, ao impor a criação de projetos pedagógicos e demais serviços, além de adaptações razoáveis que atendam as pessoas portadoras de necessidades especiais.

Uma recorrência observada na literatura é a ideia de uma educação escolar que possa incluir todas as pessoas, uma educação que possa ser universal na capacidade de abrangência das necessidades educacionais especiais. Nota-se que se considera tanto uma ampliação no sentido do aumento da quantidade de vagas, de um lado, e, de outro, no aumento das disposições para lidar com necessidades especiais.

Marcos José da Silveira Mazzotta (2002, p. 35), refletindo sobre a inclusão socioeducacional com base no problema das necessidades especiais e de acordo com as particularidades das deficiências, oferece uma análise importante na consideração da efetivação da educação escolar para todos. Para o autor, a inclusão escolar só existe a partir do respeito ao outro e do compartilhamento de interações sociais embasadas no respeito. Mais que a tolerância, o respeito vai além de uma espécie e autorização para a existência; o respeito real implica a construção de relações sociais positivas e não de adversidade.

Tanto a educação especial na rede regular ou a educação inclusiva demandam ações no âmbito do Estado e da sociedade civil. Trata-se de um objetivo que depende de uma soma de esforços para que verdadeiramente possa ser contemplada e atendida toda a diversidade de condições educacionais especiais.

Uma ação dupla sempre deve ser considerada: de uma parte, o Estado e a sociedade como um todo devem oferecer serviços que possam sanar demandas dos cidadãos com alguma necessidade especial; de outra parte, devem garantir o direito ao acesso a tudo que já se dispõe, a despeito da especificidade da necessidade especial da qual o cidadão seja portador.

ATENÇÃO! O termo "especial" é entendido de maneira geral como as condições demandadas por certos alunos para efetivar o processo de aprendizagem. Entre os aspectos pressupostos nessas condições pode-se mencionar a oferta de equipamentos e materiais específicos, arquitetura e mobiliário adequados à acessibilidade, comunicação e sinalização adequada, equidade metodológica e curricular, professores especializados e formação continuada. A efetivação da educação inclusiva depende desse conjunto de aspectos.

Glossário – Unidade 2

Assistencialismo – Prática junto a comunidades mais carentes que objetiva apoiar e ajudar, de forma pontual, com medicamentos e alimentos, bem como outros gêneros de primeira necessidade.

Constituição Federal do Brasil – A Constituição da República Federativa do Brasil é a lei máxima do Brasil, representando o topo do ordenamento jurídico. O sistema normativo brasileiro está organizado a partir da Constituição, sendo ordenamentos inferiores as leis, decretos e outras jurisprudências, e abaixo desses os atos, portarias e resoluções.

Constituição Imperial – Considerada a primeira Constituição Brasileira, a "Constituição Política do Império do Brasil" foi outorgada em 1824, apenas dois anos apos a proclamação da independência do Brasil por D. Pedro I. A assembléia constituinte chamada pelo Imperador passou por uma grave conflito, sendo então invadida pelo exército a mando do Imperador que queria ter plenos poderes sobre o legislativo. Diversos deputados foram presos ou exilados na ocasião conhecida como "noite da agonia". O Imperador então reuniu dez integrantes do Partido Português e forma incumbidos de redigir a portas fechadas a nova Constituição do Brasil, recém independente da metrópole portuguesa.

Conselho Tutelar – Órgão autônomo, permanente, não jurisdicional (não aplica medidas judiciais, não faz parte do judiciário, não julga), que tem por finalidade garantir o cumprimento dos direitos da criança e do adolescente. Formado por cinco pessoas eleitas pela comunidade por meio do voto direto para um mandato de 3 anos.

Estatuto da Criança e do Adolescente – ECA – Lei nº 8.069, de 13 julho de 1990. É o conjunto de regras e normas do ordenamento jurídico nacional que objetiva a garantia dos direitos e oferece proteção à criança e ao adolescente.

Estratégias didáticas – Métodos e técnicas que se combinam de acordo com o conteúdo que se pretende ensinar e o público que se quer atender.

Fracasso escolar – Expressão que se refere aos insucessos da vida escolar, desde problemas com o rendimento escolar, disciplina, evasão, até o abandono da escola.

Grafia Braille – Sistema de leitura a partir do tato utilizado por deficientes visuais. Foi inventado pelo francês Louis Braille em 1827 na cidade de Paris.

Inclusão efetiva – Expressão referente a uma posição mais incisiva adotada no movimento pela inclusão, afirmando políticas públicas que garantam que a inclusão dos alunos com deficiência ou necessidades educacionais especiais não seja apenas uma ação pró-forma.

Língua Brasileira de Sinais (Libras) – A língua brasileira de sinais é usada pela maioria dos deficientes auditivos dos grandes centros urbanos do Brasil. A Lei nº 10.436/2002 reconhece a Libras como meio legal de comunicação, determinando que sejam garantidas formas institucionalizadas para apoiar o uso, a difusão e a inclusão da disciplina de Libras como parte constituinte dos currículos dos cursos de formação de professores e de Fonoaudiologia.

Necessidades educacionais especiais – Necessidades relacionadas às pessoas que possuem elevada capacidade ou dificuldades de aprendizagem durante algum período de sua idade escolar. Não se trata de alunos portadores de deficiências. O termo, conhecido pela sigla NEE, tornou-se conhecido dentro do movimento pela inclusão e também a partir da "Declaração de Salamanca" (1994), na Espanha, que estabelece procedimentos-padrões das Nações Unidas para a equalização de oportunidades para pessoas com deficiência.

Políticas públicas – Conjuntos de ações, atividades e programas desenvolvidos pelo Estado que visam a garantir direitos de maneira difusa ou para determinado seguimento social, cultural, étnico ou econômico.

UNIDADE 3
DESIGUALDADE SOCIAL, QUALIFICAÇÃO E MERCADO DE TRABALHO

Capítulo 1 Introdução, 50

Capítulo 2 Política pública em educação, 50

Capítulo 3 Estratificação e mobilidade, 51

Capítulo 4 Processos de globalização, 57

Capítulo 5 Mercado de trabalho e inclusão, 60

Glossário, 65

1. Introdução

A presente Unidade aborda os conceitos de **estratificação**, mobilidade e desigualdade socioeconômica e educacional. Levando em conta esses conceitos sociológicos aplicados à educação e à qualificação em geral, analisam-se algumas das transformações no mercado de trabalho diante da absorção de mão de obra ocasionada pelos impactos da **globalização** em processos sociais mais amplos. Considerando a discussão sobre a ideia de educação e universalização do direito ao estudo para, em seguida, discutir os conceitos sociológicos anteriormente citados, vamos analisar alguns impactos do processo de globalização e inserção no mercado de trabalho.

2. Política pública em educação

As **políticas públicas** têm sido frequentemente evocadas quando o assunto é a universalização do direito à educação. De maneira geral, as políticas públicas são pensadas estrategicamente ao investir em ferramentas, ações, programas e atividades para buscar soluções aos problemas sociais. As políticas públicas no âmbito da Educação são ainda mais centrais ao se considerar o impacto no desenvolvimento econômico e social do país. No entanto, não é apenas no plano nacional que se percebe esse movimento. No âmbito das unidades da federação nota-se o mesmo comportamento.

Tanto na legislação nacional como na do estado de São Paulo após 1988, discute-se e reitera-se o princípio do atendimento aos alunos com alguma necessidade educacional especial preferencialmente na rede regular de ensino. E não é somente esse fato. Além da universalização, apresenta-se uma espécie de continuidade dos serviços especiais, seja de maneira paralela, simultânea ou integrada ao ensino regular. Apesar disso, considerando a qualidade e a quantidade, a oferta de vagas ainda é insuficiente para atender os direitos de acesso e de permanência no sistema educacional. A qualidade deve ser uma diretriz no que diz respeito às políticas públicas que envolvem educação; no entanto, confronta-se sempre com o problema da garantia ao acesso, a universalização e a organização nos sistemas escolares do acolhimento da diversidade de recursos educacionais.

A fim de possibilitar a inclusão educacional efetiva, deve-se pensar em um processo a ser erigido em que se busca objetivos de curto, médio e longo prazo. Em curto prazo, há a necessidade de intervenção nas diferentes instâncias da vida comunitária de um indivíduo ao promover modificações físicas, materiais, humanas, sociais e legais para que o sujeito com alguma necessidade especial ou deficiência obtenha condições de acesso ao espaço comum da vida social.

Tais modificações demandam necessariamente a participação de diversos agentes sociais que se encontram em torno dos objetivos educacionais, visando a universalização do acesso e a garantia dos educandos por meio de melhoria na qualidade do ensino. Nesse sentido, a qualidade do ensino passa a ser o principal referencial para que os educandos com necessidades especiais sejam convencidos da possibilidade de universalização real do sistema público de ensino. Daí a ideia das políticas públicas voltadas à área da educação ter como uma de suas diretrizes as orientações dirigidas ao atendimento das demandas dos alunos com necessidades educacionais especiais.

Alguns pressupostos estão ancorados em conceitos sociológicos e econômicos, que tratam tanto de problemas socioculturais como da importância da qualificação e os impactos provocados pelo crescimento econômico a fim de se considerar as possibilidades de êxito no plano educacional. Os conceitos de estratificação e mobilidade são essenciais para se ter entendimento das relações entre a educação e os níveis de desenvolvimento de uma sociedade. Esses conceitos são importantes para pensar não apenas nos contextos de movimentação de mercados locais, mas, também, em contextos mais amplos, em que os fenômenos da globalização se expressam em suas mais variadas faces.

3. Estratificação e mobilidade

De acordo com Norberto Bobbio (1994), o conceito de estratificação é, em grande parte, sinônimo do conceito de desigualdade social. Ou seja, indica que as pessoas estão colocadas em posições diferentes no que diz respeito a ter acesso aos bens sociais a que todos os indvíduos, em geral, aspiram, mas cuja disponibilidade é escassa.

ATENÇÃO! É importante notar que não se trata de desigualdade natural. A estratificação está embasada na desigualdade social. É óbvio que as pessoas são diferentes no que diz respeito às características físicas e às capacidades mentais. No entanto, tais diferenças não são suficientes para explicar as desigualdades sociais, embora possa ter influência em certos casos.

As desigualdades sociais e naturais não coincidem, e esse aspecto demonstra também a variabilidade que os sistemas revelam de tempos em tempos e de lugar para lugar. Em outras palavras, os mecanismos por meio dos quais os bens e valores são distribuídos dependem mais da estrutura da sociedade que da distribuição das características, qualidades ou capacidades "naturais".

Outro aspecto importante para entender a estratificação são as diferenças das posições e dos **papéis sociais**, ou seja, a divisão do trabalho. Provavelmente, em uma sociedade em que não houvesse divisão do trabalho, onde todos os indivíduos exercessem as mesmas atividades, não seria possível o surgimento das formas de estratificação. Nenhuma sociedade do passado ou do presente esteve imune a alguma forma de divisão do trabalho. Esse fator pode indicar que tal divisão seria um requisito necessário para a estratificação social.

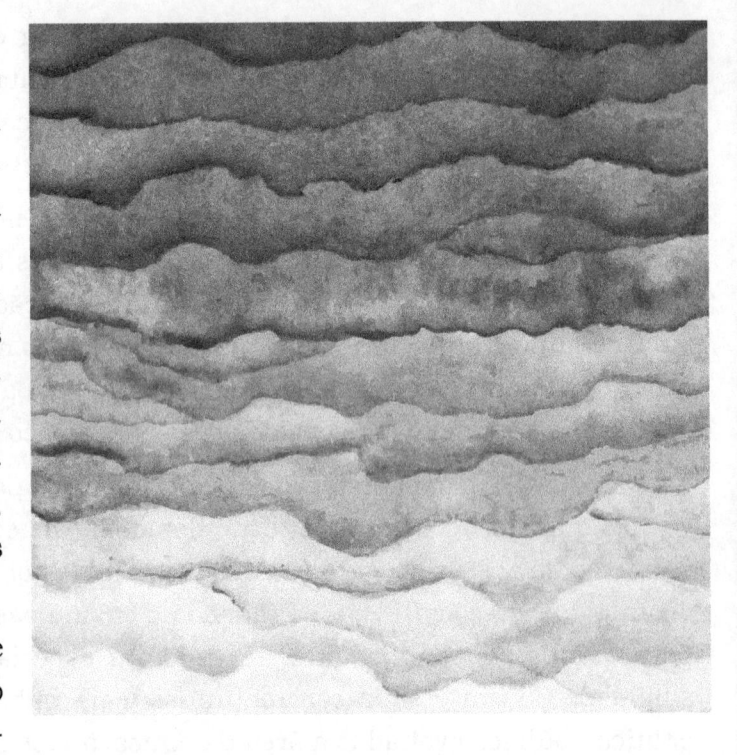

De fato, jamais teria havido uma sociedade que não tenha conhecido alguma maneira de classificar os diferentes papéis na dimensão vertical (inferior/superior) e de conferir aos sujeitos maneiras de hierarquizá-los. A diferenciação sempre ocorre levando-se em conta um processo de avaliação diferencial das **posições sociais** envolvidas. As constantes variações que os processos de avaliação assumem são demonstrações de que não há qualquer vínculo entre a existência dos papéis diversos e sua disposição em alguma escala hierárquica.

As avaliações que se fazem das posições sociais não são elementos suficientes para definir os papéis a que tais posições correspondem. Exemplos das sociedades industriais mostram que o trabalho intelectual é mais bem avaliado que o manual, e especialmente o trabalho manual das fábricas que o do campo. Pode-se afirmar que a escala de valores dada à avaliação de inferioridade ou superioridade dos papéis e posições sociais em determinada sociedade reflete tanto a importância relativa atribuída a cada tarefa que tal sociedade precisa realizar para garantir a manutenção da existência quanto a necessidade dos que ocupam posições elevadas em se manter nessa posição hegemônica. Toda sociedade organiza um consenso em torno da maneira de avaliar a importância relativa dos diferentes papéis sociais.

No entanto, caso tal consenso seja controverso, há sérios indícios que indicam que tal sociedade está passando por transições e transformações das quais emergirá um novo sistema de estratificação.

A despeito dos processos de diferenciação e avaliação dos papéis, há outro processo importante no que tange à estratificação, que é a **atribuição de recompensas**. Trata-se dos processos de produção de recompensas diferenciadas atribuídas aos indivíduos que preencham determinados requisitos ao desempenhar certos papéis sociais. Podem-se classificar as recompensas diferenciadas em três categorias. Tais categorias podem até ser pensadas como espécies de estágios ou dimensões do processo de estratificação: **riqueza**, **prestígio** e **poder**.

A riqueza é a maneira mais generalizada de recompensa nas sociedades modernas do mundo ocidental, principalmente na forma monetária: o dinheiro. Dada a liquidez do dinheiro, sua capacidade de se transformar rapidamente em quaisquer outras mercadorias acaba se tornando um elemento essencial para a definição do estilo de vida e visão de mundo de um indivíduo ou grupo.

O prestígio é o grau de honra, deferência ou respeito ligado à determinada posição social, desempenho de um papel ou exercício de certa profissão. Trata-se, portanto, de um conceito fundamentalmente relativo na medida em que o prestígio só pode ser avaliado quando considerado de modo comparativo. Incorporado à análise tal aspecto comparativo e relacional, somos induzidos à terceira dimensão do processo de estratificação.

O poder seria uma recompensa de natureza muito particular em virtude do fato de, por um lado, determinar sobremaneira a distribuição e o valor de outras recompensas, e, de outro, o fato de o poder só ser recompensa para o sujeito que o exerce. Ou seja, o exercício do poder é, em si mesmo, meio e fim para a desigualdade. Por isso é uma dimensão importantíssima do processo de estratificação.

Embora haja inúmeras exceções, obviamente há uma significativa correlação entre essas três categorias: aquele que possui riqueza goza também de prestígio e exerce considerável poder. As sociedades em geral possuem espécies de "mecanismos" particulares para converter um tipo de recompensa em outro. Esses mecanismos não raramente são regulados por um sistema mais ou menos complexo de normas e sanções. Figuras que nos servem como tipos ideais, no **sentido weberiano** do termo, para construir uma imagem. De um lado o *parvenu*, que seria aquele que faz de tudo para pertencer à classe social acima daquela à qual pertence, buscará fazer parte dos clubes e círculos de amizades das pessoas superiormente colocadas a partir de relações pessoais, e tentará por fim desposar a filha de um desses supostos amigos. De outro lado o nobre endividado ou o banqueiro que perdeu todo seu investimento na Bolsa tentará a todo custo manter a posição anteriormente conquistada, procurando demonstrar um nível de consumo superior àquele que realmente é possibilitado pela sua situação.

As mudanças na estratificação podem ser de dois tipos, que estão relacionados, muitas vezes unidos e combinados em um único processo:

1) primeiro, temos as mudanças nas formas de estratificação. Trata-se de mudanças no aspecto objetivo e que dependem das transformações da estrutura socioprofissional. De outro modo, são mudanças no aspecto subjetivo, ou seja, dependem do modo como tais transformações são percebidas, interpretadas e experimentadas. O desenvolvimento quantitativo da classe média, por exemplo, pode ser interpretado levando-se conta a possibilidade de ascensão social e, de outro modo, ser considerado um fenômeno da proletarização.

2) o segundo tipo de mudanças na estratificação diz respeito à maneira como os sujeitos são destinados aos diversos papéis sociais e seus respectivos estratos. Nesse caso, pode-se falar em mecanismos de natureza adscritiva e mecanismos de natureza aquisitiva. Os **mecanismos adscritivos** predominam nas sociedades em que a posição social é determinada por características hereditárias. Já os **mecanismos aquisitivos** são aqueles em que se atribui significância à capacidade adquirida pelo indivíduo para desempenhar determinado papel, portanto ancorados no mérito, e que não levam em consideração a posição social da família de origem ou a integração em círculos sociais particularmente privilegiados.

No entanto, deve-se considerar que as capacidades dos indivíduos são resultado das diferentes oportunidades às quais tiveram acesso, bem como as sociedades dinâmicas revelam alta taxa de hereditariedade nas posições sociais. De fato, dado o elevado grau de recompensas que são atribuídas aos altos postos das sociedades, tende a ser atrativo para que todos sejam instigados a buscar posicionamentos de maior riqueza, prestígio e poder, mesmo que em graus variados.

Já **mobilidade social** é o conceito por meio do qual se entende a mudança de indivíduos ou grupos de uma posição social para outra. Tais mudanças podem se dar por diferentes motivos, de acordo com o contexto, a sociedade que se trata e as particularidades das forças sociais que estão envolvidas nessas mudanças. A tipologia da mobilidade social pode ser bastante variada de acordo com a abordagem sociológica empregada. De maneira geral, pode-se dizer que os tipos de mobilidade social variam de acordo com os atributos do contexto social, que possibilita definir as posições sociais e as "direções" e "tipos" de movimentos que se dão entre tais posições.

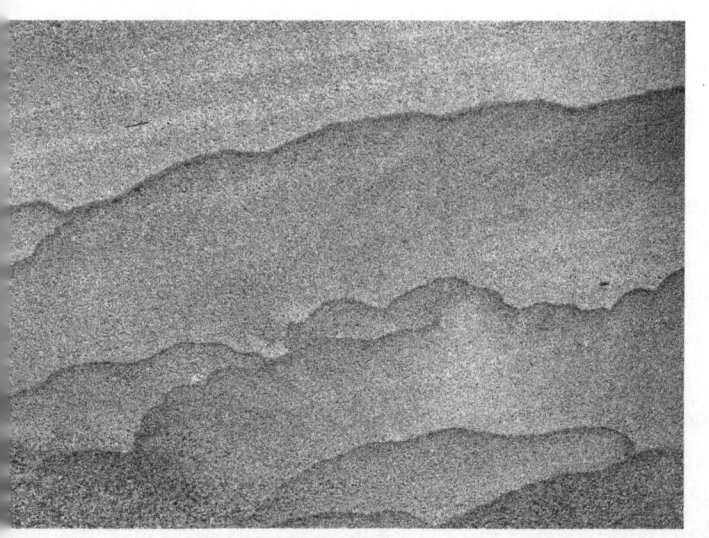

A primeira distinção possível é a **mobilidade social horizontal** e **mobilidade social vertical**. Entende-se por mobilidade social horizontal a passagem de uma posição social para outra, sem que entre as duas posições se encontrem diferenças significativas de níveis. Ou seja, são os deslocamentos que podem ocorrer sem que tal movimento acarrete em modificações em direção a classes sociais superiores ou inferiores, conforme a determinação dos cortes entre classes sociais. Um bom exemplo para perceber a mobilidade horizontal é o sujeito que muda de posto de trabalho mantendo a mesma qualificação e a mesma faixa salarial. Ou então, a mudança de confissão religiosa, bem como a desfiliação de um partido político para ingressar em outro. Em todos esses casos, o sujeito mudou sua posição social sem que tenha alterado o estrato social a que pertence.

De outro modo, entende-se por mobilidade social vertical os deslocamentos de posições sociais que implicam a possibilidade de uma avaliação em termos hierárquicos, ou seja, com referência a superioridade e inferioridade. Nesse sentido, tal mobilidade pode ser subdividida conforme a direção do movimento em ascendente e descendente. Empregam-se critérios para definir os estratos sociais, como econômico, político, profissional, educacional, entre outros.

Ao considerar o cruzamento de critérios diferentes, pode-se observar até mesmo movimentos em direções contrárias, como um deslocamento na direção ascendente, levando-se em conta um critério, e descendente, tendo outro critério como parâmetro. Para citar um exemplo: o movimento de um indivíduo que se desloca do mundo corporativo, em que ganha bem para realizar serviços braçais, e ingressa na carreira acadêmica de docente e pesquisador universitário. Considerando-se os critérios de prestígio e qualificação, esse movimento pode ser classificado como ascendente. No entanto, poderia implicar eventualmente um movimento descendente pelo critério econômico.

A combinação de vários atributos pode ser a motivação da composição de estratos. Nesse caso, teremos a mobilidade propriamente dita, ou seja, os deslocamentos inferidos de maneira relacional. Outro aspecto importante a salientar é o caráter individual ou coletivo. Essa última variante aponta a influência do contexto e dos atores sociais sobre a possibilidade maior ou menor de deslocamento.

A mobilidade social mais estudada é a **mobilidade social profissional** dado que a condição profissional é o melhor indicador para determinar a posição social de um indivíduo. Nesse caso específico pode-se falar em dois tipos de mobilidade. Uma delas considera o início e o fim da carreira de um indivíduo, que é o caso de mobilidade profissional intrageracional. A outra considera a profissão das gerações anteriores, como a dos pais e dos avós, que é o caso de mobilidade profissional intergeracional.

No geral, ao se comparar as sociedades com base na afirmação que essa ou aquela possui maior ou menor grau de mobilidade, está se considerando a mobilidade intergeracional. Ou seja, em relação ao número de pessoas que exercem a mesma profissão ou ofício do pai.

ATENÇÃO! Certamente as melhores condições de observação de mobilidade social se dão nas sociedades que passam por significativas transformações e mudanças sociais, notadamente quando envolve o processo de industrialização.

A mobilidade social implica uma série de consequências sobre a vida e os comportamentos dos indivíduos. O índice de mobilidade é um indicador importante para análises comparativas principalmente entre sociedades com diferentes graus de desenvolvimento econômico. No entanto, se o intuito for compreender os canais que sustentam as correntes de mobilidade, deve-se levar à análise aspectos mais profundos a respeito do contexto socioeconômico de dada sociedade. Entre as consequências em virtude da mobilidade social estão aspectos políticos e econômicos, mas um fator relevante ao se mencionar mobilidade social vertical ascendente é o grau de instrução e qualificação do indivíduo. Tal aspecto está intimamente ligado tanto à produção de condições para a educação, que é constituída tanto no âmbito público das políticas públicas em educação, quanto privado no âmbito das instituições particulares de ensino e das grandes corporações.

4. Processos de globalização

Levando-se em conta os conceitos de estratificação e mobilidade, pode-se ter uma ideia mais clara da importância da Educação para o crescimento de uma sociedade. Não se trata apenas em considerar o crescimento econômico, mas toda uma gama de situações que se refletem nos aspectos econômicos, embora não estejam exclusivamente atreladas a eles. Esses fatores podem ser observados, por exemplo, por meio do **Índice de Desenvolvimento Humano (IDH)**.

Tal indicador é composto levando-se em conta os aspectos de maior relevância para o bem-estar de um indivíduo. Entre eles, podem ser citados vida longa e saudável, acesso ao conhecimento e padrão de vida digno. Na composição do IDH considera-se, portanto, as variáveis que indicam esses três aspectos: expectativa de vida, nível de instrução e nível de renda. A variável relacionada ao nível de instrução possui significativa relevância e influência sobre as outras duas variáveis. Isso explica por que a escolaridade é a melhor maneira de escapar das armadilhas de pobreza de forma segura e duradoura.

Para entender o significado e a importância de um indicador como o IDH é interessante fazer uma retrospectiva dos processos que deram origem ao que hoje chamamos globalização. O desenvolvimento do capitalismo se dá como decorrência do mercantilismo que havia na Europa entre os séculos XVI e XVIII. Também conhecida como **Revolução Industrial** – a transição do processo de produção manufaturado para o industrializado, ou seja, a produção artesanal passa a ser produzida por máquinas, passa-se a fabricar novos produtos químicos, a pensar novas formas de utilização da energia da água e do vapor, a desenvolver máquinas e ferramentas – época compreendida aproximadamente entre 1760 e 1820 em que novas formas de produção modificam definitivamente as relações sociais.

Mencionar a Revolução Industrial e a genealogia do modo de produção capitalista é necessário para perceber como se dá o processo de expansão dos povos europeus para outros continentes: o **colonialismo**. Enquanto política agressiva de exercício do poder e autoridade sobre um território com uso da força militar e da violência, o colonialismo tem como uma de suas principais motivações o caráter econômico. Em todos os lugares onde foram implementadas unidades coloniais ocorreram vários conflitos com as populações nativas contra a vontade das quais se impunha a dominação bélica dos povos colonizadores. A superexploração desenfreada tanto dos recursos naturais dos territórios colonizados como da população levaram ao genocídio (como o caso da colonização nas Américas) e à escravidão (como o caso da colonização no continente africano).

As motivações econômicas tiveram grande influência, mas não foram somente esses fatores. Havia também as motivações de ordem religiosa que fundamentaram o empreendimento colonial. No que diz respeito às motivações religiosas, apenas a ideia do desenvolvimento de um plano de forças simultâneo, constituído de feixes de relações e posições sociais, apresentam ideologias religiosas como amparo fundamental.

O processo de colonização, que surge ainda no fim do século XIV e se intensifica a partir do século XVIII, é o início do que atualmente denomina-se globalização. Esta pode ser definida como o processo de intensificação das relações e interações internacionais de cunho cultural, social, político e econômico. Em suas feições pós-modernas, a globalização tem sido discutida com base nesses quatro aspectos, ao ser catalisada pelo barateamento dos meios de transporte e pelos incrementos das tecnologias de informação e comunicação.

O primeiro e mais importante aspecto é o cultural, pois dele dependem todos os outros. As formas de aculturação têm sido analisadas desde a década de 1950, quando os movimentos anticolonialistas ganham força. Sob esse prisma, pode-se dizer que a aculturação leva para determinado lugar certas demandas que se tem interesse. A ideologia implica também mudanças em aspectos sociais e políticos, especialmente econômicos. Um exemplo é a ideia do estilo de vida que se relaciona com um padrão de determinados produtos. Antes de determinado produto ser levado a certos mercados é necessário que se crie ali uma cultura de consumo correspondente ao que se quer vender.

Quando se fala dos aspectos relacionados à aculturação, refere-se tanto aos discursos e práticas quanto aos meios administrativos e coercitivos para se impor determinadas ideias. Alguns sociólogos como Stuart Hall (2011), por exemplo, salientam o caráter fragmentário das identidades que vão se constituindo como verdadeiras colchas de retalhos.

Os aspectos sociais estão intimamente ligados aos conteúdos culturais que vão se impondo a partir do suporte político e administrativo. Algumas interpretações levaram a pensar a globalização de maneira simplificada, como uma espécie de anulação das fronteiras que teria como consequência a formação de uma sociedade mundial regulada pelo mercado. Como características dessa nova feição das sociedades contemporâneas, são mencionadas a queda das barreiras alfandegárias, o livre fluxo de capitais, as inovações tecnológicas e a velocidade da circulação das informações. No entanto, essa visão romântica é facilmente desconstruída quando consideramos outros dados.

Ao mesmo tempo que alguns processos realmente se globalizaram, observam-se processos em que se reforçaram dimensões locais, como os nacionalismos exacerbados e o ressurgimento das tradições regionais. A integração e a prosperidade não se tornaram presentes. Ao contrário disso, a desigualdade é cada vez mais profunda, a miséria, o desemprego, a precarização dos regimes salariais e de trabalho e a falta de perspectiva assolam tanto países da periferia do capitalismo como países desenvolvidos, embora em proporção mais branda. Pode-se afirmar que o capitalismo mundial atual caracteriza-se pelo baixo crescimento e pela instabilidade política, ambos aspectos que se intensificaram após o atentado de 11 de setembro de 2001 e a crise econômica de 2008.

As limitações que a globalização mostrou nas últimas três décadas são suficientes para nos trazer a ideia de que esse grande conjunto de transformações nada mais é que uma etapa da mundialização do capital na qual a hegemonia é exercida pelo capital financeiro. A globalização como um fenômeno da mundialização do capital incorpora a lógica excludente, desigual e seletiva.

De acordo com Alves e Corsi (2002), além do aspecto ligado ao capital financeiro, outros são igualmente importantes e podem ser citados para ter uma melhor ideia das características da globalização. São, por exemplo, a formação de oligopólios em setores importantes, a formação de mercado de capitais, de câmbio e de títulos de caráter global, a formação de um mercado mundial cada vez mais integrado, e a instituição de uma divisão do trabalho com base na relativa desconcentração do capital. Aliado a esses fatores, podem ser mencionadas também as inovações tecnológicas, principalmente nas áreas de Biotecnologia e Informática.

5. Mercado de trabalho e inclusão

Os impactos das diversas modificações mencionadas são também sentidos em outros âmbitos. Na educação, as transformações são particularmente problemáticas, pois as instituições de ensino não possuem capacidade de adaptação na mesma velocidade. Esse fator acarreta uma escola defasada e com dificuldades para incorporar os novos conteúdos demandados por um mercado de trabalho em constante modificação. Paralelamente à dificuldade para se adaptar, as escolas estão vivendo nas últimas décadas as mudanças decorrentes da universalização (com ampliação de vagas) e inclusão (com o incremento na rede regular de articulações para receber os alunos com necessidades educacionais especiais).

Nesse sentido, voltamos à questão do IDH e sua constituição para perceber que a educação e a qualificação profissional são extremamente importantes não apenas para que consiga alcançar um IDH mais alto (e tudo o que representa no que se refere a acesso a financiamentos e linhas de crédito), mas, sobretudo, para a melhoria das vidas das pessoas e para o crescimento pessoal. Simultaneamente, não só as escolas passaram a receber os alunos portadores de deficiência e necessidades educacionais especiais, mas também o mercado de trabalho.

Regulamentado pela Lei n° 8.213, de 24 de julho de 1991, a chamada Lei de Cotas ou Lei do Deficiente dispõe sobre os planos de benefícios da Previdência e dá outras providências para a contratação de portadores de deficiência. Segundo o artigo 93 da Lei n° 8.213/91, fica determinado que a empresa com 100 ou mais funcionários deve preencher de 2 a 5% dos seus cargos com beneficiários reabilitados, ou pessoas portadoras de deficiência, na seguinte proporção: até 200 funcionários, 2%; de 201 a 500 funcionários, 3%; de 501 a 1.000 funcionários, 4%; de 1.001 funcionários em diante, 5%.

O Estatuto da Pessoa com Deficiência – Lei n° 13.146/2015, alterando a referida Lei de Cotas, modificou sutilmente o artigo 93 dessa norma, na qual há a imposição de o empregador realizar a contratação de trabalhador portador de deficiência no caso de desligamento do colaborador anterior. Ou seja, deverá sempre haver a substituição por outro indivíduo que esteja nas condições impostas pela Lei de Cotas.

PARA SABER MAIS! Caso queira conhecer melhor a Lei de Cotas, acesse site do Planalto: <www.planalto.gov.br/CCIVIL_03/leis/L8213cons.htm>. Acesso em: 24 nov. 2015.

No entanto, os empregadores se deparam com uma série de obstáculos e dificuldades para cumprir a Lei n° 8.213/91. Isso porque há problemas tanto no que diz respeito à oferta de mão de obra qualificada quanto na aptidão para atuar em ambientes de trabalho de maneira digna. A lei teve um importante impacto no aumento da participação de pessoas com deficiências no mercado de trabalho, porém, tal participação ainda é relativamente baixa, traduzindo-se em apenas 46% das vagas ocupadas. Ou seja, existe um percentual de 54% de vagas exclusivamente determinadas para o cumprimento da lei que não está preenchida. Obviamente, daí decorrem autuações e multas, mas, por outro modo, evidencia dificuldades por parte dos empregadores em cumprir a lei.

Além disso, não é apenas a Lei n° 8.213/91 que busca diminuir os tratamentos discriminatórios aos portadores de deficiência no mercado de trabalho. Pode-se lembrar, também, das normas constitucionais, como o artigo 7°, inciso XXXI, que dispõe e garante a proibição de desigualdade salarial quanto ao trabalhador portador de deficiência. Convém citar também, mais uma vez, o novo Estatuto da Pessoa com Deficiência – Lei n° 13.146/2015.

Passados mais de vinte anos da Lei n° 8.213/91, diversos empregadores ainda sofrem autuação pelo Ministério Público do Trabalho devido ao fato de não preencherem o mínimo necessário de contratação de pessoal com deficiência. A não observação da lei implica pena de autuação por meio de multa administrativa. Como citado, no artigo 93, parágrafo 2º da Lei nº 8.213/91, a demissão de empregados cotistas só é permitida após a contratação de outro trabalhador com igualdade de condições, e isso vale não apenas para o empregado registrado e com carteira de trabalho assinada, mas também para colaboradores contratados por tempo determinado ou dispensa motivada, mesmo em contrato por prazo indeterminado.

Portanto, a Lei nº 8.213/91 é garantidora de emprego, sendo sua inobservância motivo para geração de reintegração ao emprego, ou seja, no período em que a empresa não puder comprovar uma nova contratação do substituto, o trabalhador dispensado tem direito à reintegração de seu posto de trabalho. Além da garantia de emprego, outro aspecto importante é a não geração de direitos individuais, mas, sim, proteção a um grupo determinado de trabalhadores.

Para se ter clareza sobre esse direito coletivo deve-se, portanto, perceber que a **pessoa portadora de deficiência habilitada** é definida como a pessoa que concluiu curso de educação profissional de nível básico, técnico ou tecnológico, ou curso superior, com certificação ou diplomação expedida por instituição pública ou privada, legalmente credenciada pelo Ministério da Educação ou órgão equivalente, ou aquela com certificado de conclusão de processo de habilitação ou reabilitação profissional fornecido pelo INSS. Nesse sentido, pode-se falar de reais capacidades para realizar tarefas exigidas pelo empregador.

Já o **profissional reabilitado** é aquele que, tendo passado por processo orientado, pode ser capaz de adquirir o nível suficiente de profissionalismo para seu reingresso no mercado de trabalho e na vida comunitária, conforme o Decreto nº 3.298/99, artigo 31. A comprovação de tal condição se dá por meio de documento oficial expedido pelo Instituto Nacional de Seguro Social, o INSS.

> *ATENÇÃO! A distinção entre as duas categorias pode ser definida da seguinte maneira: se por um lado a pessoa com deficiência habilitada é aquele portador de deficiência física ou mental, apta para o desempenho de atividades laborais, a pessoa reabilitada é o trabalhador segurado que após algum tipo de situação acidental se submete a um processo de reeducação e readaptação profissional pelo INSS, tornando-se capaz de exercer determinadas funções no ambiente de trabalho.*

Importante salientar que não podemos permanecer apenas focados no ponto de vista dos sujeitos de direito. Os empregadores encontram inúmeras dificuldades para cumprir as determinações da lei. Estima-se que há aproximadamente 17 milhões de pessoas portadoras de algum tipo de deficiência severa (sem contar aqueles portadores de necessidades especiais), no entanto, a inserção dessas pessoas no mercado de trabalho ainda é bastante difícil, sendo o estado de São Paulo o maior empregador, registrando um percentual de 44% de adesão das empresas.

Segundo pesquisa realizada pelo IBGE em 2010, somente 6% dos portadores de alguma deficiência realmente podem atuar em alguma atividade laboral, um percentual muito baixo. Além disso, os contratantes necessitam de um órgão que possa realizar um cadastro seguro e especializado para dar conta do fornecimento de dados para facilitar a escolha do profissional e sua contratação.

Por causa das dificuldades de acesso e contratação dessas pessoas, atualmente há cerca de 325 mil pessoas empregadas; no entanto, se todas as vagas fossem preenchidas, tal número poderia chegar a 700 mil. De acordo com a avaliação do Conselho Nacional dos Direitos das Pessoas Portadoras de Deficiência, a adequação na qualificação não se mostra como principal problema, mas o preconceito, a discriminação e o desconhecimento por parte dos empregadores a respeito do potencial desses trabalhadores e trabalhadoras.

O que se pode afirmar embasado em fatos e dados estatísticos: existem vagas; no entanto, há uma escassez de profissionais qualificados e habilitados no mercado de trabalho para a ocupação dessas vagas. De outro modo, a justiça não pode simplesmente obrigar os empregadores a contratar qualquer pessoa, apenas para o cumprimento da lei, pois isso seria assumir um enorme risco para as empresas. É daí que surgem, nos casos de recursos a autuações, as recorrentes buscas por comprovação, por parte dos empregadores, da intenção em contratar ao apresentar diversas solicitações feitas aos órgãos competentes e outras entidades assistenciais buscando um profissional para preenchimento de vaga das cotas destinadas a pessoas portadores de deficiência.

Tais dificuldades certamente são motivadoras de interpretações por parte dos juízes do trabalho que entendem que em certos ramos de atividade (como a construção civil e a segurança, por exemplo) a Lei nº 8.213/91 deve ser interpretada de maneira isolada, considerando as especificidades das atividades desenvolvidas pela empresa e desempenhadas pelo empregado. Nesse sentido, é frequente os magistrados decidirem que os cargos, nos quais a condição de deficiente não abre oportunidade de exercício pleno da profissão, devem ser excluídos do cálculo que determina o número de funcionários de cada empresa direcionado às pessoas portadoras de deficiência. De maneira geral, a justiça brasileira tem entendido o lado do empresariado, quando comprovada a boa-fé na tentativa de conseguir a mão de obra cotista, que, no entanto, não obtém êxito dada a carência de mão de obra disponível no mercado.

Tomando em consideração o cenário a respeito da inserção do portador de deficiência e as demandas oferecidas no mercado de trabalho, a qualificação e a inclusão socioeducacional são extremamente importantes e necessárias em suas diversas dimensões elencadas ao longo desta Unidade. E, considerando o universo que abrange também os portadores de necessidades especiais, certamente o cenário se torna ainda mais complexo, exigindo mudanças e transformações significativas para solucionar ou amenizar o problema da inserção dos portadores de deficiência e de necessidades especiais no mercado de trabalho. Tais transformações e mudanças exigem a participação de diferentes segmentos envolvidos na realização dos objetivos maiores como a universalização do acesso e a garantia de permanência, investimento na melhoria da qualidade de ensino para que tais sujeitos de direito possam estar efetivamente inseridos de maneira plena no mercado de trabalho e na sociedade como um todo.

Glossário – Unidade 3

Atribuição de recompensas – Processos de produção de recompensas diferenciadas atribuídas aos indivíduos que preencham determinados requisitos ao desempenhar certos papéis sociais.

Colonialismo – Política de exercício do poder e da autoridade sobre um território com o uso da força militar e da violência. Tem como uma de suas principais motivações o caráter econômico.

Estratificação – De acordo com Norberto Bobbio (1994), o conceito de estratificação é em grande parte sinônimo do conceito de desigualdade social. Indica que as pessoas estão colocadas em posições diferentes no que diz respeito a ter acesso aos bens sociais a que todos, em geral, aspiram, mas a disponibilidade é escassa.

Globalização – Pode ser definida como o processo de intensificação das relações e interações internacionais de cunho cultural, social, político e econômico.

Índice de Desenvolvimento Humano (IDH) – Indicador composto levando-se em conta os aspectos de maior relevância para o bem-estar de um indivíduo. Entre tais aspectos estão vida longa e saudável, acesso ao conhecimento e padrão de vida digno. Na composição do IDH considera-se, portanto, as variáveis que indicam esses três aspectos: expectativa de vida, nível de instrução e nível de renda.

Mecanismos adscritivos – Trata-se da forma como os sujeitos são destinados a diversos papéis sociais e seus respectivos estratos. Os mecanismos adscritivos predominam nas sociedades em que a posição social é determinada por características hereditárias.

Mecanismos aquisitivos – São aqueles em que se atribui significância à capacidade adquirida pelo indivíduo para desempenhar determinado papel, ancorados no mérito portanto, e que não levam em consideração a posição social da família de origem ou a integração em círculos sociais particularmente privilegiados.

Mobilidade social horizontal – Passagem de uma posição social sem que entre as duas posições se encontrem diferenças significativas de níveis.

Mobilidade social profissional – A condição profissional é o melhor indicador para determinar a posição social de um indivíduo. Nesse caso específico pode-se falar em dois tipos de mobilidade. Uma considera o início e o fim da carreira de um indivíduo. Esse seria o caso de mobilidade profissional intrageracional. A outra considera a profissão das gerações anteriores, como a dos pais e dos avós. Este seria o caso de mobilidade profissional intergeracional.

Mobilidade social vertical – Deslocamentos de posições sociais que implicam a possibilidade de uma avaliação em termos hierárquicos, ou seja, no que se refere a superioridade e a inferioridade.

Mobilidade social – Conceito por meio do qual se entende a mudança de indivíduos ou grupos de uma posição social para outra. Tais mudanças podem se dar por diferentes motivos, de acordo com o contexto, a sociedade que se trata e as particularidades das forças sociais que estão envolvidas nessas mudanças. De maneira geral, pode-se dizer que os tipos de mobilidade social variam de acordo com os atributos do contexto social, que possibilita definir as posições sociais e as "direções" e "tipos" de movimentos que se dão entre tais posições.

Papéis sociais – Função desempenhada por um indivíduo ou grupo de indivíduos relacionada a determinadas posições sociais.

Pessoa portadora de deficiência habilitada – Indivíduo que concluiu curso de educação profissional de nível básico, técnico ou tecnológico, ou curso superior, com certificação ou diplomação expedida por instituição pública ou privada, legalmente credenciada pelo Ministério da Educação ou órgão equivalente, ou aquele com certificado de conclusão de processo de habilitação ou reabilitação profissional fornecido pelo INSS.

Profissional reabilitado – Indivíduo que tendo passado por processo orientado pode ser capaz de adquirir o nível suficiente de profissionalismo para seu reingresso no mercado de trabalho e na vida comunitária, conforme Decreto nº 3.298/99, artigo 31. A comprovação de tal condição se dá por meio de documento oficial expedido pelo Instituto Nacional de Seguro Social, o INSS.

Poder – Recompensa de natureza muito particular em razão do fato de, por um lado, determinar sobremaneira a distribuição e valor de outras recompensas, e, de outro, pelo fato de o poder só ser recompensa para o sujeito que o exerce. Ou seja, o exercício do poder é, em si mesmo, meio e fim para a desigualdade. Por isso é uma dimensão importantíssima do processo de estratificação.

Políticas públicas – Conjuntos de ações, atividades e programas desenvolvidos pelo Estado que visam a garantir direitos de maneira difusa ou para determinado seguimento social, cultural, étnico ou econômico.

Posições sociais – "Lugar" de localização de um indivíduo ou grupo de indivíduos na estrutura de estratificação de dada sociedade.

Prestígio – Grau de honra, deferência ou respeito ligado a determinada posição social, desempenho de um papel ou exercício de determinada profissão. Trata-se, portanto, de um conceito fundamentalmente relativo na medida em que o prestígio só pode ser avaliado quando considerado comparativamente.

Revolução Industrial – Época compreendida entre 1760 e 1820, em que novas formas de produção modificam definitivamente as relações sociais. Considerada a transição entre os processos de produção manufaturado para os processos industrializados, passagem da produção artesanal para a produção por máquinas, fabricação de novos produtos químicos, novas formas de utilização da energia da água e do vapor, desenvolvimento de máquinas e ferramentas.

Riqueza – Maneira mais generalizada de recompensa nas sociedades modernas do mundo ocidental, principalmente na forma monetária: o dinheiro. Dada a liquidez do dinheiro, sua capacidade de se transformar rapidamente em quaisquer outras mercadorias acaba se tornando um elemento essencial para a definição do estilo de vida e visão de mundo de um indivíduo ou grupo.

Sentido weberiano – Referência ao sociólogo alemão Max Weber (1864-1920), considerado um dos fundadores do estudo moderno da Sociologia, tendo influenciado também a Economia, a Filosofia, o Direito, a Ciência Política e a Administração. Boa parte de seu trabalho reservou-se para o estudo do capitalismo e do processo de racionalização e desencantamento do mundo. Sua obra mais famosa é *A ética protestante e o espírito do capitalismo*, na qual reflete sobre a sociologia da religião.

UNIDADE 4

EXCLUSÃO SOCIAL E EDUCAÇÃO: RELAÇÕES POSSÍVEIS

Capítulo 1 Introdução, 70

Capítulo 2 Inclusão/exclusão educacional, 70

Capítulo 3 Questão social e exclusão educacional, 73

Capítulo 4 Possibilidades de atuação, 78

Glossário, 81

Referências, 83

1. Introdução

Nesta quarta e última Unidade, apresenta-se a discussão a respeito das motivações que explicam grande parte da **exclusão educacional**. A desigualdade de condições leva à desigualdade no que tange a inclusão educacional. Abre-se o leque para a discussão abarcando diferentes graus de deficiência, de necessidades educacionais especiais e de condições socioeconômicas.

2. Inclusão/exclusão educacional

Para tratar da exclusão educacional, ou exclusão escolar, é preciso tomar como ponto de partida algumas questões fundamentais. As diferenças e comparações de abordagens que focam a exclusão e a inclusão devem ser tratadas de maneira complementar e crítica. Quando se fala em inclusão, muitas vezes deixa-se de lado a exclusão e suas motivações, considerando apenas as motivações para a inclusão e seu histórico. No entanto, nem todos os pontos de vista que tratam da exclusão consideram a inclusão, e vice-versa. As abordagens que enfocam a inclusão educacional, como foram vistas nas outras Unidades, procuram discutir as dificuldades de incluir a amplitude da rede para atender todos os alunos, os problemas para se alcançar uma inclusão real e efetiva, restando pouco, ou quase nada, para discutir os motivos de permanência fora da escola, os atrativos que levam o aluno a outras atividades. De certa forma, nesta Unidade serão contrapostos aspectos da inclusão e da exclusão, com foco maior na exclusão, uma vez que diversas questões ligadas à inclusão já foram debatidas nas outras Unidades.

Como linha geral do debate, é importante que se considere questões amplas, por exemplo: quem são aqueles que estão fora da escola? Por quê? Quais os motivos da **evasão escolar**? Qual é o problema, falta de condições para continuidade, necessidade de entrada no mercado de trabalho, criminalidade, drogas, exploração do trabalho infantil, abuso sexual de menores, preconceito, miséria, desestruturação familiar, violência urbana e escolar? Essas questões gerais servem para nortear nossa análise, embora não se possa enfocar nenhuma dessas motivações sem considerar efetivamente as condições reais e o contexto local da escola que se quer analisar.

Para além dos fatores ligados às necessidades especiais ou deficiência, outros fatores que levam à criança a estar fora da escola encontram explicação em questões sociais. Obviamente, a escola deve estar preparada para o aluno, seja qual for sua condição (embora saibamos das enormes dificuldades para lidar com essa demanda), porém, nem sempre o aluno se encontra fora da escola por esse motivo. A evasão escolar é um problema crônico em vários países, não apenas no

Brasil. Não existe nenhum país com taxa de evasão zero. Há países com taxas baixas, às vezes muito baixas comparativamente, mas sempre há alguma evasão. A depender da faixa etária e do nível escolar, a evasão pode ser menor que 1%, mas, mesmo assim, ela existe. Dificilmente a evasão se erradica totalmente. A cada ano, novas crianças devem ser consideradas nos levantamentos, por isso qualquer pesquisa que queira avaliar índices de evasão deve ser realizada constantemente para obter resultados corretos e atualizados.

Os problemas sociais, que acabam se tornando motivações da evasão escolar, são provenientes da desigualdade de condições. As desigualdades produzem ambientes em que o enfrentamento do período escolar se dá de maneira bastante variada. Relembrando alguns conceitos apresentados na Unidade 1, a desigualdade vem sendo analisada em seus vários aspectos desde os séculos XVII e XVIII com os autores liberalistas e iluministas. As relações da desigualdade com os fundamentos econômicos e políticos do Estado e da propriedade privada remetem à ideia do "corpo" do soberano e do fato de todas as pessoas alienarem suas propriedades de forma total em nome do Estado. O Estado legitima e perpetua as desigualdades sociais, embora seja a única instituição social capaz de se redimir atuando para a sua diminuição.

A despeito do fato da desigualdade ser um fenômeno que independe da presença do Estado – haja vista a existência de desigualdade mesmo em sociedades nas quais não se encontra o Estado em seu modelo absoluto e centralizador europeu – é necessária sua consideração, uma vez que é em seu ambiente sociojurídico que as ações voltadas para seu enfrentamento se dão. No caso dos aspectos da desigualdade que estão vinculados à questão educacional, é necessário desnaturalizar o fenômeno da desigualdade e da pobreza como algo inevitável e atemporal. Seguindo os passos de Rousseau, a pobreza é datada, histórica e socialmente construída.

Importante frisar que não estamos mencionando as diferenças físicas entre as pessoas e seus corpos, mas as desigualdades que possuem embasamento em aspectos sociais. Ou seja, é importante lembrar as distinções entre os conceitos de desigualdade e diferença, conforme tratados na Unidade 1. O caráter social da desigualdade é o que fundamenta o tratamento dado por J-J Rousseau para a questão. Para cuidarmos de nosso problema mais contemporâneo, embora seja importante conhecer os fundamentos conceituais desse debate, precisamos considerar de maneira relativa às articulações entre inclusão e exclusão.

Os três aspectos – **inclusão como valor**, **como paradigma** e **como movimento** – são importantes para notarmos o quanto cresceu, ampliou e tornou mais denso e diversificado o debate a respeito da inclusão. Inclusão em suas várias dimensões, até a escolar ou educacional.

No que diz respeito à inclusão como valor, o princípio mais importante é o da igualdade, que vem sendo tratada como pilar fundamental para sociedades mais justas e democráticas. A diversidade e as diferenças entre os indivíduos sempre demanda um cuidado especial com relação às particularidades de tratamento para que não se corra o risco de tratar o diferente como desigual.

A respeito da inclusão como paradigma, lembramos que são três âmbitos necessários a se considerar: o paradigma da institucionalização, o paradigma dos serviços e o paradigma de suportes. Vale um resumo para relembrar cada um deles. O paradigma da institucionalização era fundamentado na concepção de que a pessoa com alguma característica diferenciada, e por esse motivo tido como pouco produtiva (ou improdutiva), só estaria protegida se fosse mantida em uma instituição, ou seja, segregada da sociedade. As Instituições Totais foram concebidas e construídas com o objetivo de manter as pessoas ditas "deficientes" alijadas da sociedade. No paradigma dos serviços, a principal modificação conceitual é a ideia de que a pessoa diferente tem o direito à convivência social. No entanto, essa convivência só pode ser exercida se o indivíduo for ajudado a se "modificar", se "ajustar", de modo a parecer o mais "semelhante" possível aos demais indivíduos da sociedade. E, finalmente, no paradigma de suportes, a fundamentação é embasada nos ganhos em desenvolvimento pessoal e social que seriam decorrentes justamente da interação social com a diversidade. Para compreender, outro aspecto importante é o político, pois o princípio da igualdade indica justamente a inclusão, no que se refere ao processo de garantia do acesso ao espaço comum da vida em sociedade.

No que tange a inclusão como movimento, lembramos que se trata de uma tendência em diversos países, não apenas no Brasil. Mudanças se fazem sentir tanto no âmbito das políticas públicas voltadas para a educação como nos projetos pedagógicos de inclusão educacional propostos por organizações não governamentais. Notáveis são as transformações pelas quais passaram as políticas públicas de inclusão educacional. As alternativas procuram, via de regra, projetos que minimizem os impactos e desdobramentos que possam, de alguma forma, ser expressões da exclusão, da segregação e do estigma.

Os três aspectos da inclusão apontam para evidentes modificações sociais de aceitação. Mas, se por um lado, há a necessidade de se pensar a inclusão social e escolar levando-se em conta essas modificações sociais, nas pesquisas em torno das especificidades da pobreza e as suas armadilhas há outro aspecto igualmente importante, que são as questões em torno da exclusão educacional e escolar, ou, para ser mais preciso, os fatores condicionantes para que a criança e o adolescente deixem de frequentar a escola. Isso porque a educação é o principal fator que afeta todos os outros componentes motivacionais para a exclusão social.

A retomada de vários elementos que foram discutidos em Unidades precedentes se justifica para que possamos fazer a complementação da abordagem. De início comentou-se sobre a desigualdade e a diferença e como fundamentaram uma ideia de padrões de comportamento e de condições para se constituir uma base jurídica. A seguir, foram abordados três aspectos da inclusão (valor, paradigma e movimento), demonstrando-se que há fundamentação teórica e práticas reais em torno da inclusão/exclusão. É necessário pensar em termos da exclusão porque, se em um primeiro momento interessava refletir sobre quais as dificuldades para produzir inclusão e universalização do ensino, agora era necessário pensar no porquê de existir pessoas que não estão na escola: quais os problemas (ou soluções) que levaram a pessoa a sair da escola? Quais os fatores da evasão?

Vale lembrar que o enfrentamento dessa questão social passa necessariamente pela produção e implementação de políticas públicas que possam criar melhores condições para o atendimento das demandas e para o efetivo cumprimento da obrigatoriedade da universalização do ensino. Conforme discutido na Unidade 3, a inclusão educacional efetiva deve pautar objetivos em curto, médio e longo prazo. Em curto prazo, propõe intervenções nas diferentes instâncias da vida comunitária de um indivíduo, procurando promover modificações físicas, materiais, humanas, sociais e legais para que o sujeito com alguma necessidade especial ou deficiência obtenha condições de acesso ao espaço comum da vida social. Tais modificações demandam necessariamente a participação de diversos agentes sociais que se encontram em torno dos objetivos educacionais, objetivando a universalização do acesso e a garantia dos educandos por meio da melhoria na qualidade do ensino. Em médio e longo prazo, as políticas públicas são tomadas como um horizonte mais interessante, pois possibilita verdadeiras modificações que atingem o problema da exclusão.

3. Questão social e exclusão educacional

Quando a referência se coloca nas políticas públicas, é preciso considerar que qualquer processo desse tipo requer, antes de qualquer coisa, o levantamento de dados e a produção de conhecimento a respeito da realidade, os descritivos das condições de oportunidades e os **diagnósticos sociais**. Em seguida, tendo como embasamento tais estatísticas, pode-se pensar em desenhar uma política pública mais acurada e com a utilização adequada de recursos. Para atingir os problemas no que diz respeito à educação, não basta apenas considerar os indicadores relacionados à área. É preciso ir além, identificando os vínculos entre esses indicadores diversos. Em outras palavras, é necessário entender operacionalidade da educação, isto é, para que se possa reconhecer problemas nesse âmbito é preciso um tratamento amplo o suficiente para saber não apenas como fazer para incluir os que estão excluídos, mas compreender o que mantém um aluno fora da escola.

As expressões da questão social são evidentes termômetros para percepção da pobreza e da exclusão (Behring; Boschetti, 2011). Diversos indicadores sociais servem para percebermos o quanto a exclusão educacional é motivação ao mesmo tempo que solução das expressões da questão social e das **armadilhas de pobreza**. De acordo com a teoria das armadilhas de pobreza, há claras evidências a favor da existência de relações de interação entre o crescimento econômico, a desigualdade e a pobreza (Lopez e Serven, 2005; Perry et al., 2006). Algumas assertivas fundamentam as principais ideias da teoria das armadilhas de pobreza: 1) as maiores reduções de pobreza aconteceram nos países que vivenciaram longos períodos de crescimento econômico de modo sustentado; 2) se tal crescimento for acompanhado por uma mudança distribucional progressiva, será tanto melhor para os pobres e 3) não é possível falar de uma tendência geral do crescimento sobre a maior ou menor equidade na distribuição de renda. Por um lado, a desigualdade e a pobreza atuam como limites aos investimentos, desacelerando o crescimento sustentado da renda, por outro, essa desaceleração tende a aumentar a desigualdade e a pobreza de forma persistente ao longo do tempo (Moreira; Braga; Toyoshima, 2010).

A associação entre as estatísticas de pobreza e de educação evidencia uma característica no Brasil. Apesar do enorme aumento de oferta de vagas nas escolas, ainda há uma grande população com baixa escolaridade que atinge principalmente as classes sociais mais baixas. Mesmo com esforços, as políticas educacionais ainda não lograram sucesso na promoção de equidade de oportunidades.

A partir das primeiras décadas do século XX, a escola passa a ser percebida pela população como o principal veículo de mobilidade social e promoção de uma equidade. Sobre os sistemas de ensino se projeta o ideário iluminista de promoção da diminuição das desigualdades sociais. Ou seja, se a escola é a instituição social com capacidade de minimizar as desigualdades e promover a mobilidade, a representação das possibilidades e promessas recaem sobre ela. Cria-se uma expectativa real que muitas vezes não se realiza.

Para entender o processo de produção da exclusão educacional, é importante perceber essencialmente três dimensões: **acesso**, **rendimento** e **desempenho**. Pode-se dizer que um sistema educacional cumpre seu papel equalizador quanto menor a relação entre a origem social e os resultados educacionais. A independência entre a origem social do aluno e o seu aproveitamento indica que há igualdade de condições para o aprendizado e o êxito escolar.

Se observarmos os resultados positivos em relação ao alcance (número de séries finalizadas) e desempenho (habilidades e competências), trata-se de um sistema que possui qualidade em sua finalidade social. No entanto, o que se esperava em termos de satisfação de equalização de oportunidades e outras formas de democratização do ensino não foi plenamente cumprido. Ainda há um longo caminho a se percorrer para se alcançar o verdadeiro êxito no que tange a real igualdade de oportunidades.

O crescimento do número de matrículas e dos sistemas de ensino ampliaram demasiadamente as oportunidades educacionais, porém, tal aumento não significou uma verdadeira equalização das realizações educacionais. Aponta-se para a ideia da existência de mecanismos que impedem a implementação de políticas que promovam a equidade, como é o caso das políticas de universalização da educação. Daí a necessidade de incrementar as pesquisas que abordam os processos de exclusão educacional para buscar subsídios avaliativos das políticas públicas e enfrentar os entraves para a melhoria do sistema educacional.

A oferta de oportunidades educacionais de acordo com a demanda social é a ideia que está por trás do conceito de acesso. Portanto, investigar o acesso significa investigar se as oportunidades estão dando conta da demanda. E tal demanda não significa apenas quantidade, mas também diferentes modalidades de ensino e adequação para atender a diversidade, necessidades educacionais especiais e deficientes. Segundo os dados da Pesquisa Nacional por Amostra de Domicílios (PNAD), o acesso à educação regular é praticamente universalizado. Para percebermos a evolução da exclusão educacional, em 1976 havia aproximadamente 12% das crianças até 14 anos de idade fora da escola, e menos de 75% das crianças conseguiam ingressar na primeira série antes dos 10 anos de idade. Já em 1982, 80% das crianças chegavam à primeira série aos 8 anos de idade. Em 1986, pode-se dizer que a exclusão do acesso havia diminuído para menos de 7%. Esse avanço acabou tendo seu impacto arrefecido devido à piora nas taxas de progressão após a primeira série. Em 2005, a taxa de crianças matriculadas na primeira série aos 8 anos de idade foi de 96% e o atendimento praticamente universal (99%).

Os dados sobre esse acesso mostram que os esforços para a garantia do direito foram efetivamente alcançados, embora alguns entraves ainda mostrem-se presentes, principalmente no que diz respeito à distribuição geográfica, capacidade de atendimento ao longo dos períodos de transição educacional e, por fim, a oferta de modalidades de ensino que sejam adequadas à variada demanda social (principalmente o ensino profissionalizante e a educação especial). Em outros aspectos, no entanto, o avanço não foi tão significativo quando comparado ao acesso. Esse é o caso da dimensão e rendimento.

O rendimento é a capacidade de converter acesso em realização educacional. Ou seja, é preciso que a criança, uma vez que tenha garantido seu acesso a uma vaga na rede regular de ensino, consiga transformá-lo em anos de estudo completos sendo aprovada na série estudada e garantindo sua matrícula no ano seguinte até que complete o nível de ensino em que está inserida (Fundamental, Médio ou Superior). Eficiência no rendimento seria então pensar o nível Fundamental em nove anos (atualmente) e o Médio em três anos. Para melhor entender essa dimensão da exclusão educacional é importante considerar os componentes de fluxo e a distorção na relação entre idade e série cursada. O fluxo diz respeito mais especificamente aos índices de aprovação, reprovação e abandono/evasão. Ou seja, quanto maior for a aprovação e menor a distorção idade-série, melhor será o rendimento. Esses indicadores estão diretamente relacionados, pois a reprovação e o abandono/evasão estão entre as principais causas da distorção idade-série.

Durante os anos 1990 houve uma evidente expansão das oportunidades educacionais acompanhada de melhoria no fluxo. Melhores condições se apresentaram a partir dos anos 1990. Mas ainda falta considerar mais uma dimensão: o desempenho. O desempenho seria a finalidade última da educação e das políticas públicas em educação. Seria a capacidade de transformar a permanência na escola (os anos concluídos) em aprendizagem efetiva, ou seja, competências e habilidades a serem utilizadas para o trabalho, a cidadania e a vida social como um todo. Nesse caso, importa saber se a criança consegue transformar os anos de estudo em domínio real das habilidades e competências para resolver situações e problemas reais. Um sistema com bom desempenho seria aquele em que o aluno não só completa o nível no período previsto, mas com pleno domínio das habilidades e competências determinadas para aquele nível.

> *PARA SABER MAIS! Caso queira obter mais informações sobre o mapa da exclusão/inclusão social no Brasil, acesse o site: <www.dpi.inpe.br/geopro/exclusao/oficinas/mapa2000.pdf>, acesso em: 24 nov. 2015, e tenha acesso ao material intitulado "Mapa da Exclusão/Inclusão Social". São Paulo – Brasil (2000). O documento também pode ser encontrado no site da Prefeitura: <www9.prefeitura.sp.gov.br/sempla/mm/index.php?texto=corpo&tema_cod=5>. Acesso em: 24 nov. 2015.*

As três dimensões do processo de exclusão educacional citadas (acesso, rendimento e desempenho) são determinantes para entender como, a despeito de diversos esforços até mesmo de políticas públicas, ainda não se obteve êxito no enfrentamento e erradicação do problema da exclusão educacional. Cada um desses três aspectos apresentados encontram-se obviamente inter-relacionados e só podem ser assim considerados em uma perspectiva mais ampla para o entendimento da exclusão como um todo. Nesse sentido, a exclusão educacional pode ser pensada também como uma espécie de reflexo de um processo de exclusão mais amplo que afeta as pessoas em suas condições de vida e que se desdobram em sintomas de exclusão educacional.

4. Possibilidades de atuação

Em maio de 2014 foi publicada uma pesquisa intitulada "O Enfrentamento da Exclusão Escolar no Brasil", realizada pelo Fundo das Nações Unidas pela Infância (**Unicef**) em parceria com a **Campanha Nacional pelo Direito à Educação (CNDE)**. Os dados obtidos recentemente revelam a exclusão educacional e os aspectos importantes para serem enfrentados. A pesquisa mostra que 3,8 milhões de pessoas na faixa etária entre 4 e 17 anos estão fora da escola. A esse dado somam-se 14,6 milhões, na faixa etária entre 6 e 17 anos, que se encontram em situação de vulnerabilidade educacional, ou seja, correm o risco de exclusão escolar por não estarem matriculadas nas séries adequadas para suas idades.

PARA SABER MAIS! Para conhecer um pouco mais sobre as publicações das ações, dos lugares, notícias e estatísticas sobre a infância ao redor do mundo, acesse o site: <www.unicef.org/>. Acesso em: 24 nov. 2015.

Esse estudo foi realizado levando em conta os microdados do Censo 2010 do Instituto Brasileiro de Geografia e Estatística (IBGE), e permitiu traçar um perfil de crianças e adolescentes fora da escola ou em risco de abandoná-la (a partir de cortes: por etapa da educação básica, por unidade da federação, região geográfica, localização campo/cidade, gênero, etnia, renda familiar e escolaridade dos pais). Os resultados podem e devem servir para refletir sobre formas de atuação do Plano Nacional de Educação a fim de enfrentar o problema da exclusão. Além da exclusão, há ainda outros aspectos como a qualidade, ou melhor, a garantia da qualidade. Não basta incluir. É preciso que o aluno esteja incluído e que o ensino seja realizado com qualidade.

Ao cruzar os dados com base nos diferentes cortes, esse panorama permite perceber as causas da exclusão levando-se em conta uma análise mais detalhada e um diálogo com diferentes atores do cenário educacional, como pesquisadores da área, gestores públicos e representantes da sociedade civil organizada. As crianças com faixa etária entre 4 e 5 anos que poderiam estar frequentando a pré-escola e os adolescentes com faixa etária entre 15 e 17 anos que deveriam estar no Ensino Médio são os grupos mais afetados pela exclusão. De um ponto de vista amplo, é possível destacar que a maior parte de crianças e adolescentes que estão fora da sala de aula ou em risco de exclusão é do sexo masculino, afrodescendente, vive em família de baixa renda e seus pais ou responsáveis têm pouca escolaridade. Além desses fatores, também são vítimas da exclusão as crianças e adolescentes quilombolas, indígenas com deficiência e em conflito com a lei.

Entre as principais barreiras encontradas por essas crianças excluídas encontra-se a discriminação racial, pois em todas as faixas etárias as crianças e adolescentes afrodescendentes estão em desvantagem em relação aos mesmos grupos da população branca no que diz respeito não somente ao acesso, mas, principalmente, à permanência na escola e conclusão dos anos e das etapas de ensino. Outro fator importante que impede o acesso de crianças e adolescentes à educação é a escolaridade dos pais. É significativamente grande a diferença na taxa de frequência à escola entre aqueles provenientes de famílias em que os pais ou responsáveis não estudaram ou não completaram o Ensino Fundamental e aqueles cujos pais concluíram o ensino básico (Fundamental e Médio) ou possuem Ensino Superior.

Para além da questão étnica e a escolaridade dos pais, a **desigualdade socioeconômica** está entre os fatores que mais influenciam a escolaridade dos brasileiros. Em razão de dificuldades econômicas, muitos alunos necessitam trabalhar para complementar a renda familiar, o que leva muitos deles a abandonar a escola. Ou seja, quanto mais baixa a renda familiar menor é a probabilidade de frequentar a escola. Em outras palavras, quanto mais pobre a família de uma criança ou de um adolescente menor será a taxa de frequência escolar.

Outros problemas graves são a qualidade e o não atendimento de toda a demanda social. Sobre a demanda, o problema é mais grave nas áreas rurais, onde, em todas as faixas etárias, se encontram a maior parte das crianças e adolescentes fora das escolas. Sobre a qualidade precária, considera-se tanto a falta de condições adequadas para os profissionais da educação quanto as especificidades dos projetos pedagógicos que, muitas vezes, não consideram as necessidades particulares dos alunos atendidos e também desconsideram a diversidade sociocultural do Brasil.

Para mudanças efetivas é necessário pensar não apenas na garantia da inclusão, mas em ações reais no âmbito dos Planos Municipais de Educação, por exemplo, que visem assegurar e garantir a qualidade do ensino. Para o enfrentamento do problema da exclusão educacional, a Unicef e a CNDE apontam a necessidade de ações conjuntas entre diversos atores sociais em diferentes níveis e instâncias governamentais seguindo as determinações da Constituição Federal de 1988 (CF), a Lei de Diretrizes e Bases (LDB), o Estatuto da Criança e do Adolescente (ECA) e, agora, o Estatuto da Pessoa com Deficiência. Entre essas ações, o olhar diferenciado para os dados produzidos pela pesquisa já aponta a possibilidade dos próprios Indicadores da Qualidade na Educação Infantil, no Ensino Fundamental e de Relações Raciais serem utilizados para fomentar um processo participativo de debate com toda a sociedade.

Pode-se dizer de maneira geral que o perfil dos alunos excluídos da escola são negros, do gênero masculino, habitantes da zona rural, cujos pais possuem baixa ou nenhuma escolaridade e cuja renda familiar é muito baixa. Além desse perfil genérico, há o agravante das crianças e adolescentes indígenas, quilombolas e portadores de deficiência serem mais vulneráveis, pois há o risco maior de estarem excluídas da escola.

Diante de tamanhas dificuldades, o desafio é transformar os dados levantados pela pesquisa em lastro teórico e prático para a criação, a implementação de modificações e melhorias que possam efetivamente levar à diminuição das taxas de exclusão escolar no Brasil. A análise dos dados sobre as crianças e adolescentes em situação de exclusão e vulnerabilidade escolar em cada município brasileiro pode servir para a elaboração de políticas públicas que possam criar estratégias diferentes para trazer à escola os alunos excluídos e manter aqueles que se encontram em vulnerabilidade.

Em relação aos enormes avanços que igualmente foram registrados no Brasil ao longo das últimas quatro décadas, o êxito ainda não foi alcançado. Mesmo o Estatuto da Criança e do Adolescente, considerado uma vitória e um documento importantíssimo para balizar as ações e o papel do Estado e da Justiça perante tais cidadãos, é descumprido, sendo necessário diversos avanços para que se possa dizer que o Brasil respeita e garante os direitos da criança e do adolescente.

Glossário – Unidade 4

Armadilhas de pobreza – Termo referente a situações em que as economias encontram-se presas a um círculo vicioso do qual não há perspectiva de saída. Empregada também para mencionar situações individuais, familiares ou comunitárias.

Campanha Nacional pelo Direito à Educação (CNDE) – Campanha lançada em 1999 por diversos setores da sociedade civil. Organizada com o objetivo de defender os direitos educacionais garantidos por lei desde a Constituição Federal de 1988.

Desigualdade socioeconômica – Termo referente à má distribuição de renda, que resulta em diferenciação nas condições de vida de cada pessoa. Além da questão étnica e da escolaridade dos pais, a desigualdade socioeconômica é um dos fatores que mais influenciam a escolaridade dos brasileiros. Quanto mais baixa a renda familiar, menor é a probabilidade de o aluno frequentar a escola. Ou seja, quanto mais pobre for a família de uma criança ou de um adolescente menor será sua taxa de frequência escolar.

Diagnósticos sociais – Relatórios analíticos, geralmente resultado de pesquisas empíricas, que apresentam interpretações de aspectos da realidade social. Esses diagnósticos podem ser elaborados por profissionais de diversas áreas como da Sociologia, Economia, Ciência Política, Antropologia, Serviço Social, Demografia, Geografia, entre outras.

Exclusão educacional – Termo referente ao processo social que exclui as pessoas do conhecimento social e da oportunidade de aprendizado garantido por lei. Também empregado para fazer menção às pessoas (em geral crianças e adolescentes) que se encontram fora do sistema escolar e educacional.

Exclusão educacional pelo acesso – A oferta de oportunidades educacionais de acordo com a demanda social é a ideia que está incutida no conceito de acesso. A demanda não representa apenas quantidade, mas diferentes modalidades de ensino e adequação para atender à diversidade que envolve as necessidades educacionais especiais e deficientes.

Exclusão educacional pelo desempenho – Finalidade última da educação e das políticas públicas educacionais. O desempenho seria a capacidade de transformar a permanência na escola (os anos concluídos) em aprendizagem efetiva, ou seja, competências e habilidades a serem empregadas para o trabalho, a cidadania e a vida social como um todo. Nesse caso, o que importa é saber se a criança está capacitada para transformar os anos de estudo em domínio real das habilidades e competências a fim de resolver situações e problemas reais.

Exclusão educacional pelo rendimento – Rendimento é a capacidade de converter acesso em realização educacional, ou seja, é preciso que a criança, ao garantir uma vaga na rede regular de ensino, consiga transformá-la em anos de estudo completos com aprovação na série estudada assegurando sua matrícula no ano seguinte até que conclua o nível de ensino em que ela está inserida (Fundamental, Médio ou Superior).

Inclusão como valor – A igualdade é o princípio mais importante e tem sido visto como pilar fundamental para sociedades mais justas e democráticas. A diversidade e as diferenças entre os indivíduos sempre demandam cuidado especial com relação às particularidades de tratamento para que não se esbarre no risco de tratar o diferente como desigual.

Evasão escolar – Termo referente ao processo social que dificulta a vida escolar de alunos que acabam abandonando os estudos. Faz menção aos alunos que deixam a escola.

Inclusão como paradigma – Três âmbitos devem ser levados em conta: o paradigma da institucionalização, o paradigma dos serviços e o paradigma de suportes. O paradigma da institucionalização foi fundamentado com base na concepção de que a pessoa com alguma característica diferenciada era vista como pouco produtiva, ou mesmo considerada improdutiva. Ela somente estaria protegida se fosse mantida em uma instituição, o que, com certeza, levaria à segregação social. No âmbito do paradigma dos serviços a pessoa diferente tem o direito à convivência social. No entanto, essa convivência somente poderá ser exercida se o indivíduo for ajudado a se "modificar", a se "ajustar", de modo a parecer mais "semelhante" possível aos outros indivíduos da sociedade. E, finalmente, no âmbito de suportes, a fundamentação é embasada nos ganhos em desenvolvimento pessoal e social que seriam decorrentes justamente da interação social com a diversidade.

Inclusão como movimento – Trata-se de uma tendência em diversos países, não somente no Brasil, em que pressões de movimentos sociais se fazem sentir tanto no âmbito das políticas públicas voltadas para a Educação como nos projetos pedagógicos de inclusão educacional propostos por organizações não governamentais. Notáveis são as transformações pelas quais passaram as políticas públicas de inclusão educacional. As alternativas procuram, via de regra, projetos que minimizem os impactos e desdobramentos que possam de alguma forma representar a exclusão, a segregação e o estigma.

Unicef – Fundo das Nações Unidas para a Infância, órgão das Nações Unidas (ONU), que promove a defesa dos direitos das crianças. É regido pela Convenção sobre os Direitos da Criança.

Referências

ABATE, K. Poverty, desertification and the impact of drought in Ethiopia. **Desertification Control Bulletin.** New York, v. 31, n. 2, p. 60-66, 1997.

ALVES, F. Políticas educacionais e desempenho escolar nas capitais brasileiras. **Cadernos de Pesquisa – PUC/RIO.** Rio de Janeiro, v. 38, n. 134, p. 413-440, maio/ago., 2008.

ALVES, G.; CORSI, F. L. Dossiê globalização. **Revista de Sociologia e Política**, n. 19, p. 7-10, Curitiba, nov. 2002.

AMARO, Diegles G.; MACEDO, Lino. **Da lógica da exclusão à lógica da inclusão**: reflexão sobre uma estratégia de apoio à inclusão escolar. Disponível em: <www.educacaoonline.pro.br/index.php?option=com_content&view=article&id=90:da--logica-da-exclusao-a-logica-da-inclusao-reflexao-sobre-uma-estrategia-de-apoio--a-inclusao-escolar&catid=6:educacao-inclusiva&Itemid=17>. Acesso em: 4 jun. 2015.

ARANHA, M.S.F. **Overview of the Rehabilitation Movement in the United States and proposals for an extended Rehabilitation model in Brazil**. Dissertação de Mestrado. Illinois: Southern Illinois University, at Carbondale, 1980.

_____. A integração social do deficiente: análise conceitual e metodológica. **Temas em Psicologia**, n. 2, p. 63-70. Ribeirão Preto: Sociedade Brasileira de Psicologia, 1995.

_____. Paradigmas da relação da sociedade com as pessoas com deficiência. **Revista do Ministério Público do Trabalho**, ano XI, n. 21, p. 160-173, mar. 2001.

AZEVEDO, E. E. B. Rousseau e o hipotético estado de natureza: condição da dedução do homem civil-político como corrupção. **Revista Humanidades.** Fortaleza, v. 23, n. 2, p. 161-167, jul./dez. 2008. Disponível em: <www.egov.ufsc.br/portal/sites/default/files/anexos/33545-43438-1-PB.pdf>. Acesso em: 25 maio 2015.

BATISTA, Cecília Guarnieri. Crianças com problemas orgânicos: contribuições e riscos de prognósticos psicológicos. **Educar em Revista**, Curitiba, v. 23, p. 45-63, jan./jun. 2004.

BEHRING, E. R.; BOSCHETTI, I. **Política social**: fundamentos e história. São Paulo: Cortez, 2011.

BOUDON, R. **A desigualdade de oportunidades.** Brasília, Editora UnB, 1981.

_____. **Efeitos perversos da ordem social.** Rio de Janeiro: Zahar, 1979.

BOBBIO, N.; MATTEUCCI, N.; PASQUINO, G. **Dicionário de Política.** 6. ed. Coordenação de tradução de João Ferreira. Brasília: Editora da Universidade de Brasília, 1994.

BOTELHO, A. Efeitos e impasses do desenvolvimento. **Revista Brasileira de Ciências Sociais**, v. 23, n. 66, 2007.

BRASIL. Congresso Nacional. **Lei de Diretrizes e Bases da Educação Nacional** – LDB n.º 9.394, de 20 de dezembro de 1996. Diário Oficial da União, 23 de dezembro de 1996.

_____. Constituição da República Federativa do Brasil, de 5 de outubro de 1988. Diário Oficial [da] República Federativa do Brasil, Brasília, 5 outubro de 1988. Disponível em: <www.stf.jus.br/arquivo/cms/publicacaoLegislacaoAnotada/anexo/Completo.pdf>. Acesso em: 12 jun. 2015.

_____. **Constituição Federal do Brasil**. Brasília: Congresso Nacional, 1989.

_____. Decreto Legislativo nº 186, de 9 de julho de 2008. Aprova o texto da Convenção sobre os Direitos das Pessoas com Deficiência e de seu Protocolo Facultativo, assinados em Nova York, em 30 de março de 2007. Secretaria Especial dos Direitos Humanos. Disponível em: <http://pfdc.pgr.mpf.gov.br/atuacao-e-conteudos-de-apoio/legislacao/pessoa-deficiencia/Decreto_legislativo_186_2008>. Acesso em: 2 jul. 2011.

_____. **Estatuto da Criança e do Adolescente** (ECA). Brasília, Conselho Nacional dos Direitos da Criança e do Adolescente, 1997.

_____. Lei nº 13.146, de 6 de julho de 2015. Institui a Lei Brasileira de Inclusão da Pessoa com Deficiência (Estatuto da Pessoa com Deficiência). Diário Oficial da União, Brasília, 7 jul. 2015.

_____. Lei nº 13.146, de 6 de julho de 2015. Institui a Lei Brasileira de Inclusão da Pessoa com Deficiência (Estatuto da Pessoa com Deficiência). **Diário Oficial da União**, Brasília, DF, 7 jul. 2015.

_____. Ministério da Educação. Secretaria de Educação Especial (SEESP). Convenção da Organização dos Estados Americanos. Brasília, 2001. Disponível em: <http://portal.mec.gov.br/seesp/arquivos/pdf/guatemala.pdf>. Acesso em: 2 jul. 2011.

_____. Ministério da Educação. Secretaria de Educação Especial (SEESP). Declaração de Salamanca. Brasília, 1994. Disponível em: <http://portal.mec.gov.br/seesp/arquivos/pdf/salamanca.pdf>. Acesso em: 2 jul. 2011.

_____. Ministério da Educação. Secretaria de Educação Especial (SEESP). Lei de Diretrizes e Bases da Educação Nacional (LDB). Brasília, 1996. Disponível em: <www.planalto.gov.br/ccivil_03/Leis/L9394.htm>. Acesso em: 5 jul. 2011.

BRASÍLIA. **O enfrentamento da exclusão escolar no Brasil.** Unicef, Campanha Nacional pelo Direito à Educação, 2014. Disponível em: <www.foradaescolanaopode.org.br/downloads/Livro_O_Enfrentamento_da_Exclusao_Escolar_no_Brasil.pdf>. Acesso em: 12 jul. 2015.

CAMARGO, J. M.; GIAMBIAGI, F. **Distribuição da renda no Brasil.** Rio de Janeiro: Paz e Terra, 1991.

CARVALHO, R. E. **Temas em educação especial**. 2. ed. Rio de Janeiro: Ed. WVA,1998.

CASTRO, M. H. G. de. **Avaliação do Sistema Educacional Brasileiro, Tendências e Perspectivas**. Brasília, INEP. [Links], 1998.

CENSO. **Documentação dos Microdados da Amostra, Censo Demográfico 2000.** Instituto Brasileiro de Geografia e Estatística – 2000.

CHESNAIS, F. **A mundialização do capital.** São Paulo: Ed. Xamã, 1996.

CORRER, R. **Efeitos da Introdução de Suportes para a Inclusão Social de Sujeito com Deficiência Mental:** um Estudo Piloto. Exame de Qualificação para Mestrado. Marília: Programa de Pós-Graduação em Educação, 2000.

DAVIS, K; MOORE, W. Some principles of stratification. In: SCOTT, John. **Class**: critical concepts. London/New York: Routledge, 1996.

DE NEGRI, F.; ANDRADE SILVA, C. A evolução do emprego qualificado no Brasil entre 2008 e 2013. **Radar**, n. 38, 2015. Disponível em: <www.ipea.gov.br/portal/index.php?option=com_content&view=article&id=25178&Itemid=8>. Acesso em: 12 jul. 2015.

DELORS, J. **Educação:** um tesouro a descobrir. São Paulo: Cortez; Brasília, DF: MEC/Unesco, 1998.

DINIZ, M. B. **Contribuições ao Estudo da Desigualdade de Renda entre os Estados Brasileiros.** Tese de doutorado, Faculdade de Economia da Universidade Federal do Ceará, Fortaleza, 2005.

FERREIRA, Windyz B. Educar na diversidade: práticas educacionais inclusivas na sala de aula regular. In: **Ensaios Pedagógicos – Educação Inclusiva:** direito à diversidade. Brasília: SEESP/MEC, 2006. Disponível em: <http://portaldoprofessor.mec.gov.br/storage/materiais/0000013526.pdf>. Acesso em: 10 jun. 2015.

FLETCHER, P. R. **A demografia do desenvolvimento da educação no Brasil.** Comparative and International Education Society. Stanford University, 2005.

FREITAS, N. K. Políticas públicas e inclusão: análise e perspectivas educacionais. **Jornal de Políticas Educacionais,** n. 7, p. 25-34, jan./jun. 2010.

GLAT, R. Um novo olhar sobre a integração do deficiente. In: MANTOAN, Maria Teresa Egler (Org.). **A integração de pessoas com deficiência**: contribuiçõespara uma reflexão sobre o tema. São Paulo: Memnon; Senac, 1997.

GOFFMAN, E. **Asylums.** Essays on the social situation of mental patients and other inmates. Chicago: Aldine Publishing Co., 1961.

GREMALDI, A. P. **Economia brasileira contemporânea.** São Paulo: Atlas, 2003.

HALL, S. **A identidade cultural na pós-modernidade.** Rio de Janeiro: DP&A, 2011.

HALL, Stuart. **Identidades culturais na pós-modernidade**. Tradução de Tomaz Tadeu da Silva Guaciara Lopes Louro. Rio de Janeiro: DP&A, 1997.

HASENBALG, Carlos; VALLE SILVA, Nelson. Tendências da desigualdade no Brasil. **Dados: Revista de Ciências Sociais**, v. 43, n. 3, Rio de Janeiro, 2000.

HELFAND, S. M.; ROCHA, R.; VINHAIS, H. E. F. Pobreza e desigualdade de renda no Brasil rural: uma análise da queda recente. **Pesquisa e Planejamento Econômico.** v. 39, p. 67-88, 2003.

HOFFMANN, R. Elasticidade da pobreza em relação à renda média e à desigualdade no Brasil e nas unidades da federação. **Economia**, v. 6, p. 255-286, 2005.

KUHN, T. **A estrutura das revoluções científicas.** São Paulo: Perspectiva, 2013.

LAGE, G. C. Um balanço da estratificação educacional brasileira: como reduzir as desigualdades educacionais?. **Revista Urutágua** – revista acadêmica multidisciplinar. Maringá, n. 18, maio/ago. 2009.

LOPEZ, C. S.; MACEDO, L. A. M.; FERREIRA, M. L. A. Mobilidade social e sua relação com o acesso à educação no Brasil. IV Congresso em Desenvolvimento Social "Mobilidades e Desenvolvimentos". Grupo de Trabalho n. 5: "Desenvolvimento, Mobilidade Social e Educação no Brasil", 2015.

LOPEZ, H; SERVÉN, L. **Too Poor to Grown.** World Bank, Washigton, DC, 2005.

MANTOAN, Maria Teresa Egler. Inclusão escolar de deficientes mentais: que formação para professores?. In: MANTOAN, Maria Teresa Egler (Org.). **A integração de pessoas com deficiência**: contribuições para uma reflexão sobre o tema. São Paulo: Memnon; Senac, 1997.

MANTOAN, M. T. E. **Compreendendo a deficiência mental**: novos caminhos educacionais. São Paulo: Scipione, 1988.

MARINHO, E.; SOARES, F. Impacto do crescimento econômico e da concentração de renda sobre a redução da pobreza nos Estados brasileiros. ANPEC, **Anais do XXXI Encontro Nacional de Economia**, Porto Seguro, BA, 2003.

MATISKEI, A. C. R. M. Políticas públicas de inclusão educacional: desafios e perspectivas. **Educar**, Curitiba, n. 23, p. 185-202, 2004. Disponível em: <www.scielo.br/pdf/er/n23/n23a12.pdf>. Acesso em: 13 jul. 2015.

MAZZOTTA, Marcos José da Silveira. **Deficiência, educação escolar e necessidades especiais**: reflexões sobre inclusão socioeducacional. São Paulo: Mackenzie, 2002.

_____. **Educação especial no Brasil**: história e políticas públicas. São Paulo: Cortez, 1996.

_____. **Trabalho docente e formação de professores de educação especial**. São Paulo: E.RU., 1993.

_____. Identidade dos alunos com necessidades educacionais especiais no contexto da política educacional brasileira. **Movimento**: Revista de Educação da Universidade Federal Fluminense. Educação Especial e Inclusiva. n. 7 (maio 2003) – Niterói: Ed. UFF, p. 11-18, 2003.

_____. Deficiência, educação escolar e necessidades especiais: reflexões sobre inclusão socioeducacional. **Cadernos de Pós-Graduação**, n. 7. São Paulo: Mackenzie, 2002. Disponível em: <www.educacaoonline.pro.br/index.php?option=com_content&view=article&id=79:deficiencia-educacao-escolar-e-necessidades-especiais-reflexoes-sobre-inclusao-socioeducacional&catid=6:educacao-inclusiva&Itemid=17>. Acesso em: 2 jun. 2015.

MENDES, E. G. **Raízes históricas da educação inclusiva**. Trabalho apresentado em agosto de 2001 durante os Seminários Avançados sobre Educação Inclusiva, ocorrido na Unesp de Marília. (mimeo.)

MÉNDEZ, Y. S.; WALTENBERG, F. D. Aversão à desigualdade e preferências por redistribuição: a percepção de mobilidade econômica as afeta no Brasil?. Center for Studies of Inequality and Development – CEDE. **Discussion Paper**, n. 101, fev./2015.

MESSA, A. Determinantes da produtividade na indústria brasileira. **Radar**, n. 38, 2015. Disponível em: <www.ipea.gov.br/portal/index.php?option=com_content&view=article&id=25178&Itemid=8>. Acesso em: 12 jul. 2015.

MOLL, J. **Alfabetização Possível.** Porto Alegre: Mediação, 1996. p. 33-53.

MONT'ALVÃO, A. Estratificação educacional no Brasil do século XXI. **Dados: Revista de Ciências Sociais.** Rio de Janeiro, v. 54, n. 2, p. 389-430, 2011.

MONTE, F. R. F.; SIQUEIRA, I.; MIRANDA, J. R. (Orgs.). **Direito à educação. Necessidades educacionais especiais**: subsídios para atuação do Ministério Público Brasileiro. Brasília: MEC/SEESP, 2001.

MOREIRA, R.; BRAGA, M. J.; TOYOSHIMA, S. H. Crescimento e desigualdade: prosperidade **versus** armadilhas da pobreza no desenvolvimento econômico dos Estados Brasileiros. **Revista Economia**, Brasília, v. 11, n. 4, p. 133-162, 2010.

NAJBERG, S.; OLIVEIRA, P. A. S. Políticas públicas: o índice de desenvolvimento humano (IDH) e variantes. **Informe-se.** BNDES, Secretaria para Assuntos Fiscais – SF, n. 19, out. 2000.

NETO JUNIOR, J. L. S.; FIGUEIREDO, E. A. Distribuição de capital humano e desigualdade de renda: mobilidade intergeracional educacional e mobilidade de renda no Brasil. **Economia e Desenvolvimento.** Recife, v. 8, n. 1, 2009.

OLIVEIRA, R. P. de; ADRIÃO, T. (orgs.). **Gestão, financiamento e direito à educação**: análise da LDB e da Constituição Federal. São Paulo: Xamã, 2001.

OLIVEIRA, Romualdo Portela de; ADRIÃO, Theresa (Orgs.). **Gestão, financiamento e direito à educação**: análise da LDB e da Constituição Federal. São Paulo: Xamã, 2001.

ONU/Unesco. **Declaração de Salamanca.** Espanha: Salamanca, 1994.

ORGANIZAÇÃO DAS NAÇÕES UNIDAS PARA A EDUCAÇÃO, A CIÊNCIA E A CULTURA – UNESCO. Declaração Mundial sobre Educação para Todos: satisfação das necessidades básicas de aprendizagem. Jomtien, 1990. Disponível em: <http://unesdoc.unesco.org/images/0008/000862/086291por.pdf>. Acesso em: 30 mar. 2011.

_____. Declaração de Salamanca. Espanha. Procedimentos-Padrões das Nações Unidas para a Equalização de Oportunidades para Pessoas com Deficiência. Disponível em: <http://portal.mec.gov.br/seesp/arquivos/pdf/salamanca.pdf>. Acesso em: 16 jun. 2015.

PERRENOUD, Philippe. **Práticas pedagógicas, profissão docente e formação**: perspectivas sociológicas. Lisboa: Nova Enciclopédia, 1993.

_____. **Construir as competências desde a escola**. Porto Alegre: Artmed, 1999.

PERRY, G.; ARIAS, O.; LOPEZ, H; MALONEY, W.; SERVÉN, L. **Poverty Reduction and Growth**: Virtuous and Vicious Circles. The World Bank, Washington, DC, 2006.

PESSOTI, I. **Deficiência Mental**: da Superstição à Ciência. São Paulo: Edusp, 1984.

PNAD. Pesquisa Nacional por Amostra de Domicílios – Notas Metodológicas. Instituto Brasileiro de Geografia e Estatística (IBGE), 2007.

PRADO JUNIOR C. A. **História Econômica do Brasil.** São Paulo: Brasiliense, 2006.

PRIETO, R. G. **Políticas públicas de inclusão**: compromissos do poder público, da escola e dos professores. Professora da Faculdade de Educação da Universidade de São Paulo. Acesso em: 23 maio 2015. Disponível em: <www.pedagobrasil.com.br/bocanotrombone/bocanotrombone4.htm>. Acesso em: 14 nov. 2015.

_____. Atendimento escolar de alunos com necessidades educacionais especiais: indicadores para análise de políticas públicas. **Revista UNDIME.** Rio de Janeiro, Ano III, n. 1. p. 5-14, I semestre de 2002.

PRIETO, R. G. Políticas públicas de inclusão: compromissos do poder público, da escola e dos professores. **Revista de Educação**, Apeoesp, n. 16 mar. 2003.

RATTNER, H. Política de ciência e tecnologia no limiar do século. In: RATTNER, H. (Org.). **Brasil no limiar do século XXI** : alternativas para a construção de uma sociedade sustentável. São Paulo: Edusp, 2000.

Referências bibliográficas – Unidade 2

RIBEIRO, C. A. C. Quatro décadas de mobilidade social no Brasil. **Dados: Revista de Ciências Sociais,** Rio de Janeiro, v. 55, n. 3, p. 641-679, 2012.

_____. Classe, raça e mobilidade social no Brasil. **Dados: Revista de Ciências Sociais,** Rio de Janeiro, v. 49, n. 4, p. 833-873, 2006.

ROLDÃO, C. Classes sociais e estratificação social: algumas notas sobre o desenvolvimento da publicação científica portuguesa num domínio específico da sociologia. Centro de Investigação e Estudos de Sociologia, CIES, **e-WorkingPaper** Nº 68/2009, Lisboa, Portugal, 2009.

ROTH, B. W. **Experiências educacionais inclusivas**: direito à diversidade. Brasília: Ministério da Educação, Secretaria de Educação Especial, 2006.

SANT'ANA, I. M. Educação inclusiva: concepções de professores e diretores. **Psicologia em Estudo**, Maringá, v. 10, n. 2, p. 227-234, maio-ago. 2005. Disponível em: <www.scielo.br/pdf/pe/v10n2/v10n2a09.pdf>. Acesso em: 12/ jun. 2015.

SANTOS, M. P. A inclusão da criança com necessidades educacionais especiais. Artigo 63, 2007. Disponível em: <www.profala.com/arteducesp36.htm>. Acesso em: 2 jul. 2011.

SERRA, H. Paradigmas da inclusão no contexto mundial. **Saber(e) Educar**, n. 10, p. 31-50, 2005. Disponível em: <http://repositorio.esepf.pt/handle/10000/27>. Acesso em: 26 maio 2015.

SILVA, O. M. **A epopeia ignorada.** São Paulo: CEDAS, 1987.

SOUSA, S. M. Z.; PRIETO, Rosângela Gavioli. A educação especial. In: OLIVEIRA, Romualdo Portela de e ADRIÃO, Theresa (Org.). **Organização do ensino no Brasil**. São Paulo: Xamã, 2002.

SOUZA, P. F.; RIBEIRO, C. A. C.; CARVALHAES, F. Desigualdade de oportunidades no Brasil: considerações sobre classe, educação e raça. **Revista Brasileira de Ciências Sociais**, v. 25, n. 73, jun./2010.

SPOSATI, A. **Mapa da Exclusão/Inclusão Social. São Paulo – Brasil.** (2000). Disponível em: <www.dpi.inpe.br/geopro/exclusao/oficinas/mapa2000.pdf>.

Acesso em: 12 jul. 2015. Também disponível no **site** da Prefeitura de São Paulo: <www9.prefeitura.sp.gov.br/sempla/mm/index.php?texto=corpo&tema_cod=5>. Acesso em: 24 nov. 2015.

STAIMBACK S.; STAIMBACK W. Inclusão: um guia para educadores. Porto Alegre: Artmed, 1999.

STEHR, N. Da desigualdade de classe à desigualdade de conhecimento. Dossiê Desigualdade. **Revista Brasileira de Ciências Sociais.** v. 15, n. 42, fev./2000.

TAVARES JUNIOR, F. Limites sociais das políticas de educação: equidade, mobilidade e estratificação social. **Inter-Ação.** Goiânia, v. 36, n. 2, p. 539-557, jul./dez. 2011.

TAVARES JUNIOR. F.; FARIA, V. B.; LIMA, M. A. Indicadores de fluxo escolar e políticas educacionais: avaliação das últimas décadas. **Estudos em Avaliação Educacional.** São Paulo, v. 23, n. 52, p. 48-67, maio-ago. 2012.

THEODORO, M (Org.). **As políticas públicas e a desigualdade racial no Brasil 120 anos após a abolição.** IPEA, nov. 2008.

TOURAINE, A. **Poderemos viver juntos?**: iguais e diferentes. Tradução de Jaime A. Clasen; Ephraim F. Alves. Petrópolis: Vozes, 1998.

VALLE SILVA, N.; HASENBALG, C. Recursos familiares e transições educacionais. **Cadernos de Saúde Pública**, n. 18 (suplemento), p. 67-76, 2001.

VASH, C. **Enfrentando a Deficiência.** São Paulo: Thompson Pioneira, 1988.

WEFFORT, F. (Org.). **Os Clássicos da Política.** São Paulo: Ática, 1993. Disponível em: <www.plataformademocratica.org/Portugues/Publicacoes.aspx?Id Registro=973>. Acesso em: 29 maio 2015.

Giovanni Cirino

Doutor em Antropologia Social na Universidade de São Paulo, é Professor Adjunto na Universidade Estadual de Londrina. Atua na área de Antropologia, com ênfase Teoria Antropológica, Antropologia das Formas Expressivas, Etnomusicologia e Antropologia Urbana. Pesquisador integrante do Núcleo de Antropologia da Performance e do Drama (Napedra - USP), do grupo Pesquisas em Antropologia Musical (PAM-USP) e do Laboratório de Antropologia Visual e Sonora (Lavis-UEL).

Impresso por
METES
www.metabrasil.com.br